學習不會背叛你

공부란 무엇인가

首爾大學畢業生最受用的一堂課

金英敏 김영민——著

游芯歆——譯

學習並非是知識複製的過程，這本書帶我們看見，世界的本質是矛盾的。在這種緊湊且混亂的狀態，我們恐怕僅能以「學習」的心態回應——探究不同語境下字詞的意思、檢視論點組織中的邏輯、確認闡述的方法與目的性。唯有如此，我們才能活出「知識」，並在這種矛盾狀態當中，依然感到平靜且有力量。

——陳沛穎，臺中獨立書店「引書店」店長

昔日只在乎走路有多快、速度有多高的韓國人，近年學會放慢了生活節奏，享受慢活帶來的閒暇空間。在書店林立的首爾街頭，閱讀，因而成為了他們填補這個空間的精神食糧。本書提供的視野與觀點，有助於培養求知慾。

——鍾樂偉，香港中文大學社會科學院助理講師、韓國文化研究學者、《韓瘋》《心韓》作者

出版序

學習的本質

驀然回首，我才驚覺自己從未離開過學校。除了學齡前、服役、留學前無所事事的時期之外，我幾乎沒有脫離過學校，因此學習和教學似乎在不知不覺間成了一種生活模式。我覺得，當人生蒙上陰影之際，我沒有吸毒，沒有生吃狗肉，沒有在政府辦公大樓放炸彈，都是因為一直忙著學習。愛學習的人，不會自暴自棄。

回顧自己的教學過程，雖然不夠成熟，充滿許多羞於憶起的時刻，但在彙總學習相關看法集結成書的此刻，想起了很久以前上過我的課，後來出國留學的學生傳來的一段話：「雖然很擔心會影響到還在上課的學弟、學妹，但我還是想說，來到國外以後才真正感受到，多虧有教授的高強度訓練……這是我不得不咬牙承認的……對於您願意接納我這個楞小子當學生，教我寫文章、提問、論證，我發自內心地感激您。」

本書內容的一部分刊載在《中央SUNDAY》上，誠摯感謝《中央SUNDAY》諸君，以及閱稿後不吝指教的寶麗娜。還要感謝Across出版社的姜泰榮（音譯）編輯等人讓這本書得以問世，我才有機會和讀者分享心得。

二〇二〇年夏天

金英敏

目次

出版序 004
前言 落花岩上落下的不一定全是花 010
第一部 **學習的道路** 知識的成熟過程 019
直白讓人生氣 正確的用詞法 021
用合適的名字呼喚我 給概念下定義是必要的 030
寫一篇關於世界的論說文 沒有矛盾的寫作法 039
含糊其辭有時是掌權者的武器 論說文中該避免的寫法 048
詞彙的社會含意 詞彙和社會 057
我也討厭下標題 標題的用處 065

第二部　學習的生活　對看似無用之學的熱忱　077
這門課的目標在於改變對學習的理解　第一堂課　079
立一根精神的豎脊肌　學習所期待的效果　086
沒有逆轉人生的滿分全壘打　學習的生命週期　094
若不想在知識上胡扯　學習與體力　102
留學代表什麼　孤獨與自律　110
每個人都需要研究年　深化學習的時間　118
第三部　學習的基礎　提問和脈絡　127
想學習卻下不了決心　學習和積極性　129
只靠模範生姿態是不夠的　學習和創意性　137

找出精神的利斧　何謂讀書　145
說說對整本書的看法　何謂書評　153
為自己製作一份索引　資料整理的工夫　161
骨盆可以歪，提問要正確　提問的方法　169

第四部　**學習的深化**　思考的精細化　177

投入有爭議餘地的領域　設定主題　179
沉醉於發言快感之前該思考的事　聽眾與讀者　188
計畫的特徵就是趕不上變化　研究計畫書的寫法　196
越知道自己要什麼，就越懂得節制　有關文風　205
不要對愚蠢的見解做出愚蠢的批判　批判的美德　214
主見的意義　討論的技巧　222

懶惰的主持人搞砸討論　主持的技巧　231
掌握文本核心的分析式摘要　闡發題意的方法　239
擺脫課堂討論的悲劇　享受課堂討論的方法　246
第五部　學習的相關對話　如饑似渴地尋找學習的機會　255
學習的時刻也如愛情，在不意間到來　《中央SUNDAY》訪談　257
大學，學習說寫的時期　《首爾大學人》校刊訪談　268
後　記　對休息的幻想　278

前言

落花岩[1]上落下的不一定全是花

韓國社會是一個什麼樣的社會呢？僅憑名列世界第十一位的經濟規模，無法真實地說明這裡的生活。和墨西哥一樣，韓國的平均工時在經濟合作暨發展組織（OECD）成員國裡也屬於工時最長的國家之一，但在針對社會公平的調查中，大部分的人卻認為不公平的徵結是在社會分配結構上。而且除了宗教界人士和詐騙者之外，很少有人能明確說出自己的日常生活所追求的人生目標是什麼。總而言之，在韓國，人們處於高度競爭狀態，在工作中投注的精力超過自己能承受的範圍，卻從不問問自己這樣的工作和生活，終極意義在哪裡，甚至不去想想這種競爭過程是否公平。

那麼，韓國究竟是一個什麼樣的地方呢？

韓國的生活就像高速列車，所有人都抱著戰戰兢兢的心情，中途一站不停也沒關係，風景一閃而逝也無所謂，只要能盡快抵達目的地就好。但因為大家認為抵達目的地的遊戲規則不公平，因此就算有人率先抵達，其他人也不承認此人的成就，反而嫉妒、讓他不得安寧，在背後中傷。然而，眾人就是無法放棄這不公平的競爭，一旦在競局中落敗，你就會淪為這個社會的奴隸，當然也無法得知在競爭終點等待的是什麼。

為了在競爭中存活，拉幫結黨，以上欺下的「威權」關係成了常態。到最後，自己也怕在競爭中遭到暗算，不惜踐踏他人。再也沒有人相信支撐公民社會的公共價值，也不將它扎根在心底，結果凡事不照規矩來，只看自己心情好壞，而且為了達到目的，遊說、施壓、阿諛樣樣來。在相信嗓門大就贏的信念下，大家都高聲吼叫，只有看到他人的敗落，才能撫慰在這過程中疲憊不堪的自己。就像山頂上的薛西弗斯，看著同事隨大石滾落，以此安慰自己一樣。

義大利藝術家、導演皮埃爾・保羅・帕索里尼曾說：「陽光熾熱，世上卻只有垃圾。」可是我們仍然得過日子。雖然大家的情況都差不多，但在內心深處你是否也曾疑惑，在這混亂不堪的人生中耗盡自身、筋疲力竭之後，要面對什麼樣的未來？有人醒悟到自己沒機會迎向一個有尊嚴的未來，於是開始拒絕生育。老一輩的不但放棄成為睿智從容的長者，甚至會坐在地鐵孕婦保留座上大罵：「年輕人太自私，不生孩子，國家都快滅亡了。」所有人都像生活在自己的伊甸園裡，雖然不知羞恥，但總有一天高齡者會處處開花，惹出事端。在公民的道德和福利都不夠健全的社會裡，老人就會像自戀者失去可陶醉的自我一樣，茫然哭泣。

在韓國，這種生活型態打從青少年時期就已開始，大家很早就把一腔熱情傾注在入學考試上，從這點來看，算是一個熱中教育的國家；但人們又對真正該學習什麼、如何學習，卻不聞不問，就這點來說，韓國又是一個對教育漠不關心的國家。就像把所有的注意力都放在房地產上面，卻對如何在房地產上累聚生活的喜怒哀樂漠不關心一樣。人們之所以迫切關注入學考試和房地產，是因為這兩樣都與階級流動有直接的關係。通過入學考試雖然不代表從天而降的大禮，但要是沒通過，就會付出十分慘痛的代價——好比一代代只能靠體力勞動生活，也就是過著人下人的日子。在這片土地上，教育和房地產方面的投資，與其說是有助於階級的流動，倒不如說這是讓階層更加的穩固。

深明向上攀爬有多恐怖的父母，會做出把子女推入競爭當中的「合理選擇」。如果子女出生在富裕的家庭，或許還能短暫地享受一段如百濟義慈王般窮奢極欲的生活。但時間一到，打著「唐羅聯軍」名義的父母與社會，就會揮軍而入，干涉一切。[2]如今，這片土地上許多義慈王和年輕學子們，為了準備入學考試和就業，紛紛從幼年和青春的懸崖上跳下來。但落花岩上落下的不一定都是花，上過學的也未必都能成材。現在，不管是應考的學生或是準備就業的畢業生，學生們要學習的，不是努力創造生存的價值，而是努力讓自己活下去。而同時，他們也忘了進入這個過程的努力和時間本身，就是一種生活。也就是說，他們習慣了把生活和現實當成兩回事。但是在他們搭乘的高速列車終點站，等待他們的又會是什麼呢？

如果說國、高中變成了考試訓練機構的話，那麼大學則變質為就業準備機構。大學打出來的口號不再是追求真理，而是畢業生的就業率和有多少社會精英是該校出身這類統計數字。雖然大學沒必要切斷與就業的牽扯，卻也沒必要因此成為就業訓練所。然而，面臨就業難題的學生必然只想求高分、多拿點學分，這就像通往地獄之路是用善意包裝的一樣，大學生活變成是用膨脹灌水的學分填塞起來，以致剩下的就只是看履歷，看不到真正的實力。一到寒暑假，有錢人家的子女紛紛到海外實習，窮人家的學生只能在附近餐廳廚房裡切醃蘿蔔。這群相信學分是按照父母經濟能力等級取得的窮學生，不僅會怨懟父母，也會不想成為腳踏實地的公民，到最後甚至會對眼前的學習失去興趣。

一個人年輕時期唯有一次的學習機會，就如此被入學考試和就業準備剝奪了，這難道不是對青春燦爛歲月的一種褻瀆嗎？就像在風和日麗的日子，走在景色優美的道路上，卻腳步匆匆無暇欣賞，這簡直就是在辜負美好時光。哪天回首自己的花樣年華，似乎只剩下入學考試分數有多高，名門大學有多難進之類的話題可說，這不就是承認，自己沒有比這些更有趣的知性體驗。有人到了中年，經濟終於寬裕，雖然會去報考大學裡更高層次的課程，但他們只是把那裡當成發展社會人脈的場所，而不是為了進一步追求更高領域的知識。

不好好學習，就會像氣泡一樣，缺乏實質的內在。少了思考的肌肉，就只能拿別人強而有力的言論來充當自己的想法，藉以填補空洞的內在，也因此才會有越來越多宣揚所謂「真理」的冒牌知識分子、宗教領袖或獨裁者。大家不再追求長期性、公益性和公正性，只想滿足原始欲望，追求短期利益，以及沒實力卻妄想得到認可。這就像很多老師不去教邏輯和辯證，而是在酒桌上朗誦三行詩[3]；學生們到夜店跳舞，只會亮出學生證低聲炫耀：「沒見過某某大學的學生吧？」

王爾德曾說：「我們都活在陰溝裡，但仍有人仰望星空。」我們雖然沒法

John Frederick Kensett, Newport Rocks(1872)

成為星星，卻能把目光投向天空，而不是只看著陰溝底部。在缺少藍圖拯救社會脫離毫無意義的泥淖之際，不管哪種學習都無法讓我們身處的地獄瞬間變成天堂，但至少能讓我們瞥見名為「卓越」的那顆星，感受一下既有的美好事物，進一步相信會有更美好事物的存在。唯有抱持這樣的信念，才能超脫毀謗和嘲笑，藉由邏輯和修辭學，形塑公共領域，並在不停地閱讀、書寫和討論的過程中，相信人類還有可能改變。只有某種被入學考試和就業準備所取代的「卓越」，成為我們的學習目標時，國人或許才能夠實現並享受比韓式炸雞更美好的事物，譬如說，更美味的生活。

因此，大學和公民社會不應成為「卓越」無法開花結果的墓地。就像對大學聯考的熱議一般，在大學走向沙漠化的今天，也是時候來討論身為大學生、身為成熟的公民，該學習什麼了。希望這一系列反思學習的隨筆文章能對這樣的討論貢獻些微力量。

註解

1 落花岩位於忠清南道扶餘郡扶蘇山，是一塊面對白馬江的大岩石。相傳西元六六〇年百濟義慈王時期，新羅、大唐聯軍攻陷百濟王城時，百濟的三千宮女從這塊大岩石上，投白馬江自盡。後人遂以花比喻宮女，將這塊岩石稱為「落花岩」．在石上修建紀念宮女的「百花亭」。

2 百濟義慈王即位後，曾率軍進攻新羅，取其數十城，但國內因為貴族的內部分裂，與王室窮奢極欲的生活，國政開始混亂。唐高宗又因其拒不朝貢，便與新羅聯軍進攻百濟，最後義慈王投降。

3 三行詩原本指三行總計三十字以內的詩，但韓國時下流行的語言遊戲「三行詩」，是任意找一個二或三字的詞，以類似藏頭詩的方式做詩，比如「不甘：不知人在何方／甘於相忘江湖」。

第一部

學習的道路

知識成熟的過程

生活在這個世界，就等於活在矛盾、緊張和混亂中。要以這個世界為主題寫一篇論述，就必須正視其中的矛盾、緊張和混亂，但還是必須盡量使用毫無矛盾的句子來闡述自己的見解。

直白讓人生氣

正確的用詞法

「客人，不好意思！我今天的耐心見底了，請下次再光臨！」有時真想站起身來這麼說。這個念頭不只在對方言辭無禮的情況下生起，碰到對方東拉西扯說一堆語無倫次的話時，我也想這麼做。

語無倫次的話最基本的特徵，就是詞彙用法不當，以及缺乏一貫性。假設有人只為了言談聽起來有深度，而把「硬體」問題說成「結構性」問題。那麼當他說「這台洗衣機存在結構性問題」時，意思不是「洗衣機的機械結構本身有問題」，而是「洗衣機零件壞了」。當他說「我們的社會存在結構性問題」

時，意思不是我們的社會成員之間存在持續性的問題，而是說我們社會所興建的水壩或大樓有問題。假如他一貫性地將「硬式」或「硬體」說成「結構」或「結構性」的話，久而久之也還是能聽懂他在說什麼。可是當他要求把電腦裡的文書檔案用印表機列印出來時，他會說的是「拜託列印一張硬拷貝（指從電腦輸出，實質可以摸得到的文件）！」，而不會說「拜託列印一張結構性拷貝」。這種人如果看到漢江大橋垮了而譴責說「這社會存在結構性問題」，那麼這話是指漢江大橋這個物體有問題？還是他要說的是，會有這種偷工減料的建築，根本原因在於韓國社會本身的框架呢？

如果不想在溝通過程中瘋掉，就要懂得辨別溝通時所使用的相似詞彙之間的差別。比如雲、水蒸氣、霧氣這三個單詞。「水蒸氣」是水呈現透明的氣體狀態，所以眼睛看不見。但是當水蒸氣凝結成小水滴或小冰粒，形成「雲」的型態懸浮在空中，眼睛就看得見。「霧氣」則是水蒸氣碰上冷空氣凝結而成的小水滴，但和水蒸氣又不同。

當人們在談論憂國憂民大志時，口中經常會冒出國家、政府、社會、共同體，以及民族、同胞、種族等等詞彙，這些都是看似相同，實則不同的單詞。如果不能辨別出這些詞彙的差異，有條有理適當運用的話，就很難期待有精準的溝通。就像韓國的某個學術討論一樣，無法統一「儒學」[1]和「實學」[2]這類詞彙的意義，結果就陷入了膠著狀態。

但同一單詞，含意就一定相同嗎？舉例來說，一度引發輿論熱議的「非核化」一詞，好像就不是這樣。北韓非核化問題的談判代表們，是否對「非核化」一詞賦予了相同含意，我們難以確認。

再舉一個比較親切的例子，「愛」是每個人多多少少都曾用過的單詞。同樣一句「我愛你」，說的人不同，意思也跟著不一樣。感情像紅石榴一樣豐沛飽滿的A說「我愛你」，代表想和你情感交融；性欲旺盛的B說「我愛你」，表示想和你激烈做愛；手上緊握戒指的C懇求般說「我愛你」，意思是想和你結婚；為謀生而疲於奔命的D口中吐出的「我愛你」，是指不想和你爭吵，

拜託讓他一個人靜一靜。這裡所說的「A」「B」「C」「D」未必是不同的人，也很可能是同一個人在不同生命週期面對各種狀況時，賦予「我愛你」不同的意義。不同的情況下，「愛」這個單詞既可以表達無比高尚的意思，又可以代表極端卑劣的含意，這其實沒什麼好驚訝的。神職人員在進行宗教儀式時說「神愛世人」，這種「愛」就蘊含了崇高而神聖的意義。相反地，電影《野獸男孩》（비스티보이즈）裡，演員河正宇一面毆打女人，一面高喊「我這是愛妳呀，賤女人！」時，這「愛」就包含一種很惡劣的意思，不看電影根本想像不出來。

另外，不同詞彙就代表不一樣的意思嗎？不同詞彙代表相同意思的情形也很多。譬如韓國人都知道的「漢江」這個詞。過去使用的「京江」一詞，和「漢江」是不同的詞彙，但指稱的對象相同。此外，《漢書・地理志》裡出現的「帶水」，還有「廣開土大王碑」[3]出現的「阿利水」、《三國史記》[4]裡提到的「寒水」，名稱各不相同，所指的也都是漢江。但是我們不能因此就下定

Agnolo Bronzino, Portrait of the Poet Laura Battiferri(1550-1555)

論，說這些詞彙指稱的是現在的漢江。因為現在的漢江指的是流經首爾周邊區域一條頗長的河流，而京江相對指的是局限在京城（首爾）附近流動的漢江，京江流域裡頭才有漢江、西江、龍山江等詳細的河川名稱。因此，同樣是「漢江」一詞，根據時代的不同，指稱的對象也可能不一樣。而不同的詞彙，也可能指的是同一條河川。英文的「apple」，指稱的對象也未必都是「蘋果」，過去也曾指各種外形圓滾滾的水果。因此如果在閱讀英文古典時，看到「apple」一詞，絕不可以立刻斷定是蘋果。尤其是當我們根據歷史文獻寫作和對話時，更是必須牢記這一點。

近來，因為建國節（國慶日）的爭議，社會上對大韓民國的建國時間點也是議論紛紛。在這些爭論中，有人以包含了「建國」一詞的過去文獻為根據提出自己的論據。但是，針對這種情形，也有必要討論該文獻中所出現的「建國」一詞，和我們今日所謂的「建國」，意思是否一致。

就拿歷史劇中常出現的「反正」[5]一詞來說吧！如果臣子在稟告國君發生

了宮廷政變時，是不能驚慌大喊「殿下，爆發反正囉！」。因為「反正」一詞是政變勢力為了將自己的政變行為合理化所使用的詞彙。「爆發反正」這句話就含有應該趕走現任國君的意思。因此，忠於這位國君的臣子，就不能在這種情況下使用「反正」這個詞。

想要深入溝通，不僅要熟悉詞彙的基本意義，還要了解相關含意。譬如說「國立」和「私立」這兩個詞吧！一般來說，看到「國立大學」一詞，我們很容易就認定國立大學是由國家所設立的學校，營運所需要的經費都由國家籌措。同樣的，看到「私立大學」一詞，也很容易讓我們認為是指民間所設立的學校，經費由民間自行籌措。二〇一〇年韓國地方國立大學中，獲得政府預算最多的學校，是國立慶北大學，金額高達二千一百二十六億韓元。但沒想到私立延世大學得到的政府預算支援，竟然超過這個金額，達到二千三百四十九億韓元。

這顯示出，韓語中的「國立」和「私立」蘊含了難以用單詞本身的基本意思來解析的（政治）含意。也就是說，僅憑詞彙的基本意思，難以充分掌握這個詞的多重含意。

「國立」「私立」這些看似不言自明的單詞，傳達的內容卻出乎意料的不甚明確。相較之下，有些看似語意模糊的單詞，反而能傳達比預期更精準的內容。譬如精肉店和烤肉店都使用「特殊部位」這個詞，老顧客都知道這詞指的是什麼，所以不會特別去問到底是哪個部位如此特殊。同樣的，媒體經常將性器官稱為「重要部位」，讀者們也都清楚這指的是性器官，所以也不會去追問到底哪個部位這麼重要。這種模糊的表達方式包含了社會共識，可以成為反映社會心理狀態的一種耐人尋味的指標。比起性器官，有些人或許更重視頭部、鎖骨、後頸或踝骨。儘管如此，在一個社會中，為什麼偏偏將性器官稱為「重要部位」，對使用這種說法的社會來說，這是不是也包含某種暗示在其中？

提出這些問題未必能保證社會生活能過得平穩順當，尤其一直追問對方所用詞彙的正確意思，時間一長，說不定對方就會站起身來說：「客人，不好意思！我今天的耐心見底了，請下次再光臨！」哲學家不是早就說過了——「直白讓人生氣」（Clarity makes people angry）。

註解

1 指朝鮮時代從中國傳入的程朱理學。

2 指十七到十九世紀時，朝鮮文人反省程朱理學的清談空論，發展出學以致用的強國濟民實用之學。

3 廣開土大王為高句麗第十九代君主，此碑位於現在的中國吉林省境內。

4 此書為高麗宰相金富軾所編撰，描述百濟、新羅、高句麗三國的歷史。

5 韓國歷史所說的「反正」，是撥亂反正的意思。

用合適的名字呼喚我

給概念下定義是必要的

世界就像翻湧著詞不精準、語無倫次的紅海。若想橫渡充滿誤解和無知的危險紅海，來到流著奶與蜜的溝通之地[1]，就必須盡可能地鍛造自己所使用的詞彙，或是像裁布製衣般力求做到「達意」的目標。這在論文寫作中尤為重要，所以到了即將提交期末論文主題的時候，我就得和學生們展開一決勝負的討論。首先，我一走進教室，就仔細打量學生們的腦袋，確認當中有沒有人因為年紀輕輕就落髮而煩惱。確認完大家頭髮狀況，都比我這個落髮進行式的中年老師還好之後，再來就懷著要他們提出治國之道一般的心情，拋出「定言令式」[2]——請他們「定義禿頭」！

命令（？）一出，學生A馬上回答：「亮晶晶！禿頭閃閃發亮！」中年老師沒這麼好打發，這種程度的理直氣壯不足以動搖我，因此冷靜地還了他一招：「亮晶晶或許是禿頭的附帶現象，但不能當做禿頭的定義。都已經是大學生了，沒讀過莎士比亞嗎？閃閃發亮的東西未必都是黃金，亮晶晶的頭也未必都是禿頭。」A就像個「臣服」訓練不足的學生，依然堅持己見：「跟亮燈一樣，禿頭就是人形電燈泡！」我知道這是學生想嘲弄老師的招數，也就見招拆招：「嗯，那不是禿頭的定義，只能算是禿頭的比喻。」

事已至此，我覺得有必要向這群學生好好強調一下，讓他們認真對禿頭下定義。

「有個英俊帥氣的演員，名叫裘德洛，曾經紅極一時，沒有人不喜歡他。但是當裘德洛開始掉頭髮以後，就很難在電影裡看見他了。也就是說，禿頭是可以決定一個世界級演員職業生涯的嚴重問題。」即使我這麼說了，學生還是一副無法理解問題嚴重性的表情。大概是因為裘德洛越來越少在電影裡擔綱，也難怪這些學生不認識他。

於是，我舉了一個更切合實際的例子。「大家都看到了，老師也在掉頭髮，只不過現在還停留在將禿未禿的階段。雖然和各位比起來，頭髮是少了一點，但起碼還沒到前總統全××那樣童山濯濯的禿頭程度，也就是所謂的『禿頭邊緣人』，處在從『生髮人』國度移民到『掉髮人』國度的階段。不過還沒到在掉髮人國度紮根的地步，正在經歷流離失所的過程。因此，禿頭的定義對我這種邊緣人來說尤其重要，禿頭的定義將會決定我是否被涵蓋在禿頭的範圍內。」

當學生意識到禿頭的定義攸關老師歸屬的問題時，終於變得稍微認真一點。學生B說：「禿頭是指頭髮數量少的狀態。」我馬上反駁：「誰說是頭髮數量少的狀態？要少到什麼程度才算禿頭？研究邏輯學的英國哲學家提摩西・威廉森（Timothy Williamson）曾主張，應該將頭髮排列方式和頭髮長度也考處進去。舉一個更具體的例子吧！同樣擁有一萬根頭髮，頭小的人有這等數量的頭髮就足以覆蓋整個頭皮；但頭形大的人就無法覆蓋整個頭皮，很容易被當成禿頭。況且，頭髮一萬根又怎樣，一億根又算得了什麼。如果一億根頭髮全都密密麻麻地長在後腦杓上，那還不是一樣算禿頭，所以根據頭髮數量很難有效定義禿頭。」

學生C提供了一個替代方案：「那我們能不能用掉髮的數量來定義禿頭呢？好比說，如果一天掉了三百根頭髮，那就算禿頭……」我說：「好吧，那就把禿頂理解為一個動態過程，而不是一個靜態狀態。但照你說的那樣，就很難用來解釋一個天生頭髮都長在後腦杓上，而且也很少掉頭髮的人。這個人一天掉不到三百根頭髮，還是會被人喊禿頭。不如我們以掉髮和生髮數量的比率來定義禿頭，如何？」

這時，學生D發表了犀利的論點：「剛才您使用了『被人喊禿頭』這樣的陳述，所以您是說禿頭本身並不存在，只有在別人認定是禿頭時，禿頭才存在的意思嗎？」說得好！我得稱讚他。「好問題，就像金春洙的名詩《花》一樣漂亮。金春洙曾經吟詠過『在我呼喚它的名字之前／它只是／一個姿態／在我呼喚它的名字之後／它來到我面前／成了一朵花』。如果把你剛才的說法寫成一首詩的話，就會是『在我呼喚它禿頭之前／它只是／一張頭皮／在我呼喚他禿頭之後／它來到我面前／成了一個禿頭』。」

就在這時，學生E向D提出異議：「如果禿頭取決於他人是否這麼稱呼的話，就沒必要積極開發生髮劑了。因為只要人們不對禿頭評頭論足，也就不會有所謂的禿頭存在。」接著，他嘲諷地說：「看來我還可以用這個申請治療禿頭的專利呢！」在E和D吵起來之前，身為老師，我得趕緊介入調解，所以就結束討論，開始講課。

金春洙的詩《花》的下一段是這麼寫的——「就如同我呼喚它的名字一樣／有誰會映合我的色澤和香氣／為我呼喚一個名字」。也就是說，單純地喊出一個名字並不能解決問題，要喊出「映合我的色澤和香氣」的名字，才能讓那

Nguyễn Phan Chánh, Cô hàng xén(1957)

個名字具體化。換句話說，靠一、兩個人不喊禿頭，並不能改變社會現實。但如果大多數的人都願意跟上這股潮流，說不定所謂的「禿頭」就會從這世上消失。不知道剃髮留辮的清朝時代，大家對禿頭的看法是否和現在不同？所以每當我看到頭髮一根根脫落時，就希望辮子頭能再度流行起來。儘管辮子頭曾經流行一時，但現在已經沒人留辮子頭了，這也證明凡事沒有永恆不變的，詞彙的重新定義，也是一個社會的思想正在轉變的指標。

就拿所謂「好大學」為例來說吧！今天，所謂的「好大學」一詞，通常指的是所招學生的大學指考分數很高的意思，而幾乎完全不考慮學生入學後所接受的課程內容或學生在校的體驗。然而，說不定有一天，重新定義「好大學」一詞的時代就會到來。事實上，一個人透過大學教育如何積極地改變自己，才是最重要的關鍵。因此與其根據入學考試成績當評價標準，不如拿學生入學時和畢業時的狀態相比較；最能讓學生出現積極改變的大學，才算一所好大學。有一天，當「好大學」重新定義之後，大學排名說不定也會出現變化。但變化何時到來？真的會來嗎？

某些問題的存在不是源自問題本身，而是來自社會結構，但認清到這一點，並不見得能改變社會現實。改變並不是那麼容易的一件事，只有在觸及人類根深柢固的渴望時，才有可能產生變化。突然想起某次我在中國舉辦的學術會議中，和一位北韓女性的對話。我對北韓人的生活十分好奇，便跟對方問東問西，然後就問了這麼一句話：「北韓女人最喜歡什麼樣的男人？」那位北韓女性彷彿胸有成竹似的毫不猶豫地回答：「當然是人品高尚的男人。」喔，果然！然後我又問：「人品最重要嗎？只要人品高尚，其他都無所謂嗎？」她一樣毫不猶豫地回答：「就算沒錢，只要人品高尚，女人就會喜歡。」然後我又問：「那萬一這男人是個禿頭也沒關係嗎？」這位北韓女性突然僵住了，然後是短暫的沉默，她掃了一眼我那有如砍伐泰半的野山一樣的頭皮之後，高聲強調：「就算是禿頭……也無所謂！」對話到此結束，但每當我想到北韓社會改變的可能性時，我就會想起那段短暫的沉默。

註解

1 作者借用《聖經》中有關摩西帶領猶太人過紅海，找尋應許之地的敘述。

2 categorical imperative，這是德國哲學家康德說明道德主體在展現一項具有道德價值的行動時所應具備的條件；所謂「令式」，即「命令的形式」。

寫一篇關於世界的論說文

沒有矛盾的寫作法

沒有矛盾和緊張的生活有可能存在嗎？哪有可能！生活中互不協調的能量總是同時存在。有些粉絲，明明自己已經結婚，但如果自己喜歡的藝人結婚，就會覺得遭背叛。有些加害者，嘴裡說對不起，造成傷害很抱歉，卻又認為自己也是受害者，為了道歉身心俱疲。有些罪犯，說著已經深切體認到自己的過錯，卻又要求從輕量刑。

有些家長，當初因為痛恨父權制才離家出走，結果自己也成了父權主義者。還有我，從下定決心吃素的那一刻開始，卻更想吃肉。正如完美的直線並不存在於現實世界一樣，毫無矛盾衝突的和諧生活，也不存在於現實中。時時檢點充滿矛盾和緊張的自我，是聖人的事情；不以自身的矛盾和緊張為藉口去欺負別人，是公民的道德。沒有封緘好的矛盾和緊張不小心爆發出來，偶爾也可能誕生耀眼的藝術。不過這種情況一輩子頂多發生一、兩次，當個人無法駕馭的矛盾無節制地蔓延到社會時，那就會成為一種擾民。

沒有矛盾和緊張的社會有可能存在嗎？就算真有單獨個別的某個人勉強管理好自己的矛盾，成功地以正常人的面貌生活，可是當這樣的一群人聚居在一起，矛盾和緊張又會在他們中間冒出來。

曾經有一位素食主義的外國人走進亞洲的一家餐廳，點了一份素餐，要求餐點中不能有肉。但不知道怎麼回事，出餐後，他的湯喝著喝著，突然就嚼到一塊肉丁。一怒之下他把餐廳經理叫過來抗議：「我明明要求餐點裡不能有肉。」結果經理若無其事地要賴：「這不是『肉』，您嚼到的是『碎肉』。」因為經理堅持「肉丁不是肉」，這位素食主義者有口難辨，也只好自認倒楣。

同樣覺得自己很倒楣的還有餐廳經理，明明只是湯裡的一點碎肉，又不是大塊的肉，這個外國人真是雞蛋裡挑骨頭，一點碎肉就大驚小怪。結果，一個決心要過著一貫生活的人，僅僅因為字典上對素食和肉類的定義，就難以實現毫無矛盾的生活。

就算肉的尺寸變大了，問題也不會消失。很久以前的某個夏天，在一處公家機關的員工餐廳裡，我和一個吃素的虔誠佛教徒朋友一起吃中飯。暑氣酷熱，那天餐廳的菜單是葛根冷麵[1]，朋友把餐券從窗口遞進去的時候明明就對配餐歐巴桑交代：「我不吃肉，請把肉去掉」，可是歐巴桑送出來的冷麵裡，一片厚厚的肉就堆在上面，有如採蓮花坐姿的豐滿佛像一樣，彷彿在對我的朋友說：「吃素，吃什麼素呀！吃素也是一種執著。有句話說，見佛殺佛！來吧，吃了我的肉，成佛去吧！」就在我胡思亂想之際，我的朋友一臉埋怨地瞪著配餐歐巴桑。歐巴桑像是要安撫挑剔的客人一般，突然吐出一句話：「要放了（肉）才好吃，吃吧！」這句話至今言猶在耳，「要放了才好吃」——好乾脆的一句話。

那麼如果放的不是肉，而是魚的話呢？根據歷史學家的說法，壽司在德川時代（一六〇三至一八六八年）並非高級料理，只能算是一種速食。隨著時間過去，壽司逐漸成為高級料理，也有越來越多的人想要品嘗變成高級料理的壽司所展現的精緻美味。有一次我在日本正好有機會與研究德川時代思想的一位學者交談，他是一位著名的學者，主張不要將當今的關注焦點投射到過去不同時代的思想上，而是要全面考慮當時的歷史脈絡。舉例來說，如果德川時代的文獻中出現有關壽司的記載，就不要代入當今的壽司形象，而是要想著那時代的壽司意義來閱讀史籍，這就是他身為學者的信念。後來，他問我來日本吃了什麼好吃的東西？我回答吃了壽司。他又追問，在哪裡吃的？我回答在旅館附近的迴轉壽司店吃的。他立即顯出有點生氣的表情，反問我剛才不是說吃了壽司嗎？我說是呀！他馬上強調，那種粗製濫造，毫無品味地在眼前轉來轉去的迴轉壽司不是壽司，所以我來到日本以後，根本還不算吃過壽司。他說：「你

August Macke, Lesende Frau(1913)

只是吃了迴轉壽司，而不是壽司。」接著，我們拉拉雜雜談了一些研究上的話題後就道別了。臨走前，他再次對準我寒酸的美食之樂，一槍斃命——「你還不算吃到壽司，真正的壽司！」詩人崔勝子曾經這樣吟詠過：「可還記得／我們初次見面的那一天／彷若歡喜彷若悲／大雨傾盆而下的那一天／你沒有打電話給我／我久久無法成眠／你再也沒有打電話給我／我一生輾轉難眠。」（摘自崔勝子的詩〈可還記得〉（기억하는가））。

我也要效法他吟詠：「可還記得／我們見面的那一天／你凌辱迴轉壽司的那一天／你否定了我的愛好／我久久無法成眠／你沒有來電說請我吃壽司／我一生輾轉難眠。」實際上那天晚上，我記得有很多各式各樣的疑問讓自己思緒紛繁，迴轉壽司真的是壽司嗎？鯨鯊是鯊魚嗎？無表情也是一種表情嗎？無意義也是一種意義嗎？斷絕的關係也是一種關係嗎？

生活在這個世界裡，就等於活在矛盾、緊張和混亂中。要以這個世界為主題寫一篇論述，就必須正視其中的矛盾、緊張和混亂，不過還是必須盡量使用毫無矛盾的句子來闡述自己的見解。要寫一篇對世界的論說文，光靠精準定義的概念和分析式的邏輯是不夠的，還必須對外在世界有充足的體驗。在現實的社會裡，肉和碎肉所造成的混亂、壽司和迴轉壽司所引發的矛盾，都不是透過簡單的邏輯學能解釋的問題。只有對造成如此矛盾的人類和世界有了一定程度的經驗知識之後，才能對此寫出沒有矛盾的句子。如果不想說出「我喜歡吃中國菜，壽司尤其是我的最愛」這種話，就需要對中國菜和壽司有一定的經驗知識。

對世界的經驗知識累積得越多，就越能體悟到世界是由矛盾、緊張和混亂所點綴而成。世上不存在完美無暇的革命家、唯利是圖的資本家，更沒有天真純樸的農民。真正的現實是，到處充斥著想從道德出發、卻沒能如願的革命家，太懶了貪不了財的資本家，輕率地回鄉務農卻半夜逃跑的人。

只有不再按照自己所希望的來簡化這個世界的時候，以前隱藏、看不見的問題才會慢慢浮現出來。判斷一個人屬於獨立運動家或親日派時，沒有注意到的時代問題，唯有在發現他其實是一個既參與了獨立運動，又是親日派的矛盾人物時，才被暴露出來。在斷定一個人是傾向進步派還是保守派時，未能看到的時代問題，有可能在發現他是一個傾向進步派，同時又帶著保守思維的人物時，才會浮現出來。一個學習者該做的事，不是將這矛盾的現實簡化成毫無矛盾的模樣，而是要正視複雜的矛盾，寫出沒有矛盾的句子。

幾個月前的一次學術會議上，有人問我：「你關心的研究對象，是當權者，還是底層階級（subaltern）？」我回答：「身為學者，我關心的研究對象既不是當權者，也不是底層階級，而是看似矛盾的主體。譬如在堅定不移的獨立運動家和親日派中間搖擺的牆頭草；在地主和佃農之間頻繁往來的舍音[2]；一些身為女性，但是不得不帶頭擁護所謂「儒教」理念[3]的女性。當我能以完全沒有或略微矛盾的句子來敘述這些一看就充滿矛盾的人時，身為學者的我，才會倍感喜悅。」

註解

1 用葛根磨粉做的麵條煮成的冷麵。

2 代替地主向佃農收租的二地主，本身為地主的家僕。

3 譬如要求女性三從四德之類的。

含糊其辭有時是掌權者的武器

論說文中該避免的寫法

「新娘不會逃跑！」——觀察街頭廣告就可以看清這個社會。這則仲介外籍新娘的廣告明白揭示了，逃跑與否是選擇新娘的重要標準，也披露了與韓國男人結婚的外籍新娘經常會逃跑的事實。同時這也顯示出，她們除了逃跑之外，沒有其他的路可選。還有最重要的一點是，造成她們不得不逃跑的那個地方，不是什麼好地方。

至於「代收借款」的廣告呢，則是表明了有許多人正依賴借貸度日，而且大多數都無法償還借款。如果對回收借款的催債手法感到好奇，可以參考日本

漫畫《黑金丑島君》（闇金ウシジマくん）。

「重金酬謝」這個廣告又是怎樣？「拾獲皮夾歸還者必重金酬謝」「提供此人消息或住處者必重金酬謝」。每次看到類似說法，我就很好奇「重金」的內容是什麼？到底會以哪種方式？又會重到何種程度來表達謝意？難道說拾獲皮夾歸還的話，就以皮夾裡的錢來酬謝？還是一直摸摸頭到對方有被「重謝」的感覺為止？會不會雙方對「重金酬謝」的理解不同，以至於發生傷感情的事情呢？萬一找回皮夾的失主突然改變態度，僅僅撂下一句英文「Thank You!」便轉身消失，拾獲者難道不會傻眼嗎？

沒收到謝禮倒也無妨，但有時一句含糊的話可能就會影響一個人某段時期的人生，譬如過往的求婚過程就是如此。現在的求婚過程中，會就各自的經濟情況和健康狀態交換具體情報，但是過去的求婚說詞就單純得多，也更一廂情願。「哥會讓妳過好日子，跟哥一起生活吧！」什麼叫「好日子」，哪種程度算「好日子」？餐餐吃飯配牛肉就算好日子嗎？還是在大關嶺[1]和美國德州養

Rogier van der Weyden, The Magdalen Reading(1435-1438)

成群的牛才算好日子？僅憑「好日子」這種含糊的措辭，很難衡量出對方所承諾的生活條件究竟有多好。

再舉個更具體的例子！以前的電視連續劇裡應該出現過這樣的台詞：「哥會讓妳坐在錢堆上！」在具體談到錢的時候，這話至少比「讓妳過好日子」實在多了，聽起來有種家裡錢多到用不完，可以拿來墊在下面坐的感覺。那和這個人結婚，應該一輩子不愁吃穿了吧？可是萬一真的結婚以後，並沒有讓妳坐在成捆的紙鈔堆上，而是坐在一堆硬幣上，那怎麼辦？說不定他還會辯說，夏天坐硬幣、消暑更清涼！

不過也有非得含糊其辭不可的領域。詩人表達思念之情時，很少直截了當說「我想妳」，而是拿「清早飛進臥室裡有著如妳纖腰的蜻蜓」來寫出長篇大論。為了以詩意表達「我想妳」這三個字，詩人可以花上好長的篇幅描寫「如妳眼白的雲朵」。詩人不願把話說個清楚，只想讓讀者自行領會那含蓄的詩意。所以說，在藝術領域上，含糊其辭是很重要的，不僅能增加各種不同的解釋，還能讓圍繞著該藝術領域的討論變得更加豐富。藝術的含糊性促使觀賞藝術者得以積極參與，但關鍵差別只在於，這種含糊性能否提升審美層次罷了。然而，就這一點來看，藝術和軍令正好相反，軍隊的詞彙和詩句不同，講究的是清楚確實。戰場上長官的命令越明確越好，下令時要說「發射！」，而不能說「發射吧！」。

積極運用含糊詩意的另一個領域，就是話頭禪的世界。「見山是山，見水是水」，這是受到眾人尊敬的禪僧所留下的一句話，直到現在依然廣為流傳。這句話中或許包含著佛教的深奧真理，所以許多僧人都十分珍視其意。但一般人就很難揣摩出這麼簡單的一句話，到底主旨是什麼。這句話的特徵，就是把不言自明的事實又重新表述了一次，但這麼清楚的事實，有必要再次重新表述嗎？是因為世人不懂簡單地接受再明確不過的事實，為了讓世人有所警覺，才故意說出這種話吧！那麼，這句話與其說是對山對水的表述，不如說是在斥責無法如實面對世態的愚蠢世人。因為世人無法接受「A是A」的單純事實，所以禪僧才拋出這麼一句話吧。質疑是無止境的，但對修行中的禪僧來說，那種難以捉摸的境界才是這句話的魅力和價值。唯有難以捉摸，其深意才值得玩味。相反地，諸如「買一張披薩回來！」之類的句子就十分簡單明瞭，只要下山去買一張披薩回來就行，不需要為了掌握字句文意鑽牛角尖。不管怎樣，捧著披薩上山的童子僧一定很可愛。

同樣喜歡使用模稜兩可言辭的，還有政客，而且程度還不亞於藝術家及禪僧。

政客：「我將開創政治新局！」

問：「什麼是政治新局？」

政客：「我將要開創的政治局面，就是政治新局！」

但到底要刷新什麼、刷新到什麼程度、怎麼刷新，才稱得上是政治新局呢？政客們只想著先當選再說，因此就得說出能獲得大多數民眾認可的話。但是，話說得越具體，涵蓋的閱聽眾就越有限；反之，話說得越模糊，涵蓋的閱聽眾就越全面，因此政客在選舉時說的話一向很模糊。當後來立場不得不改變的時候，政客往往就必須敷衍了事。如果不懂得含糊其辭的話，就等著被人批評沒有兌現選舉承諾，所以政客說話才會變得這麼籠統和模糊。

想以如此模糊的表達來決定重要事件時，處於劣勢的不是發言者，而是聽者。表達模糊時，發言者就擁有最後恣意編造話中含意的餘地。因此，追究模糊言辭具體含意的責任，就會轉嫁到聽者身上。當模稜兩可的話到後來變質的時候，最終受害的人就是聽者。因此當政客亂開選舉支票時，公民社會的成員就必須要求他說清楚、講明白。什麼是政治新局？這個問題如果在選舉結束後才提出來，可能為時已晚。婚都結完了，才向遞給自己硬幣坐墊的丈夫抗議：「哥，你說的錢堆，怎麼不是用紙鈔堆出來的呀？」這時，就已太遲了，而妳可能聽到的回答是：「硬幣不是錢嗎？」如果妳又一再吵著：「怎麼會是硬幣坐墊，我的老天！快點兌現承諾用紙鈔堆一個坐墊給我！」說不定丈夫就會用委內瑞拉紙幣來堆成坐墊。委內瑞拉近年來的本國貨幣已貶值九五%以上，聽說委內瑞拉領最低工資的工人，得花上薪水的三分之一才買得起一盒保險套。

「我有具體說過要用哪國紙鈔來堆一個坐墊嗎？」

所以，掌權者往往會以含糊其辭當武器，因為情況變成了是聽者自己沒有搞清楚那些含糊話語的意義。不是說戀人關係裡，愛得較少的一方比較有權力嗎？假設掌握愛情權力的人說：「明天打電話給你！」，那麼聽了這話的另一方就會整天都在等電話。沒有明確指定通話時間，也是一種權力。成績也是一樣，如果成績的決定是黑箱作業的話，那麼到最後，就很容易被恣意的決定所操縱。

有時學生在寫論說文時，會使用這種含糊其辭的權力，結果反而弄得自己狼狽不堪。假設有個學生提交的論說文裡，充斥著像是「人口逐漸減少，大概是惡魔幹的！」之類的句子。老師以「表達模糊不清」為由，給了低分，這時就算學生去找老師爭辯也來不及了，畢竟這一刻，權力是掌握在評分者手上，而不在被評分者手上。不同於當權者或藝術家，撰寫論說文的人應該盡可能透過清楚明瞭的方式表達自己的看法，公開地說服對方。培養在論說文中避免使用模糊的表達方式，也牽涉到民主制度的道德修養。

註解

1 在韓國江原道平昌和江陵之間的一片草嶺。

詞彙的社會含意

詞彙和社會

韓國有部電影《再見，未成年》（미녕성），是演員金倫奭所導演的處女作，我覺得比《復仇者聯盟：終局之戰》更好看。《再見，未成年》裡丈夫勾搭上鴨肉店老闆娘，當妻子發現丈夫有外遇時，她一針見血地質問：「你這是出於性？還是出於愛？」丈夫遲疑著說不出話來，或許是因為他不知如何區別性和愛，所以也難以理解妻子的質問。無法徹底區分愛情、黑心、責任、性欲等近似詞的人，似乎也無法理解「愛情」一詞的真正含意。

或許有人會問：「他不是用了『愛』這個詞嗎？既然用了，不就表示知道這詞的意思嗎？」是這樣嗎？有人嘴上經常掛著愛、人權、儒教、新自由主義、第四次工業革命、民主、創意經濟之類的詞彙，但他們是否確實了解這些詞彙的含意，我們無從得知。也有人很認真地問：「我們必須承認他的人權嗎？」如果他了解人權是身而為人普遍享有的權利，就不會說出這種話。因此他的這句話，與其說是有關人權的發言，不如說暴露了他對人權的無知。就好比孩子很認真地要求：「拿出證據證明我爸媽做過愛！」要是他知道爸媽做了愛才有自己誕生的話，就不會提出這樣的要求。因此，孩子的要求與其說是有關性愛的發言，不如說證明了這孩子對性愛有多無知。

有些詞彙因為聽起來很像回事，因而被人拿來使用，舉例來說，「嗯，那邊緩步走來的那個人，看起來很憂鬱的樣子」「為了營造氣氛，先說聲『我愛妳』吧！」「為了讓政府看好我，先在專欄裡用用看『創意經濟』這個詞。」「最近流行『第四次工業革命』這個詞，那我也先寫在提案書裡看看。」「最近大家都很熱衷『民主主義』一詞，那我就把這詞放進聲明文裡好了！」「因

Sandro Botticelli, The Virgin and Child(1480)

為大多數人都對『新自由主義』一詞很反感，所以要不要貼上這個標籤？」如果詞彙是在類似上述情況下被拿出來用的話，那麼這詞就和狗叫聲「汪汪」沒兩樣。

堅持避開不用特定詞彙的人，說不定反而對該詞的理解更深入。我認識的一對夫婦彼此之間從不說「我愛你」。聽說是因為考慮到「愛」這個詞所包含的崇高意義，因此兩人達成協議，不能在夫妻間使用這個詞。比起那些想藉由滿嘴的「我愛你」來化解危機的人，這對夫婦可能更正確地理解「愛」這個詞的語意。越是常被誤用、濫用、語意不清，以及用法多樣化的詞，就越要謹慎使用，盡量精準地定義該詞。

而區別語義，已經超越了造句層面，還具有更重大的社會意義。搞不清楚「不同」和「不對」的差別，要如何實現一個多樣化或公平正義的社會呢？應該會把「不同」的意見都當成是「不對」的意見吧？或者是把「不對」的意見辯稱是「不同」的意見。搞不清楚智商、聰明、智慧、機智、知性等詞的差別，還想培養出值得期待的人才嗎？大概會有人因為通過大學聯考就誤以為自己是知識分子，或相信自己是個正義之士，或以賢者自居吧。

但也不是說懂得區別就是萬能，有些區別就過於政治性，譬如白種人、黃種人、黑種人這樣的人種區別，是隨著西方帝國主義的興起而確立的。我雖然被歸類為黃種人，但每次看到自己閃著奶白色光澤的白皙肌膚，我就會懷疑自己是黃種人的這個「事實」。類似人種區別這樣的事情，其最大的問題就在於，這種區別不僅止於描述一種現象，還對這種現象加以評價。想想「奴隸」這個詞吧！「奴隸」一詞不只是用來描述某種特定現象，還發揮了評價的作用。因此，朝鮮時代的奴婢是否該稱為奴隸、慰安婦是否該稱為性奴隸的問題，也成了政治性議題。

正如英國思想史學家昆廷．斯金納（Quentin Skinner）所說，評價性的詞彙反映了一個社會的意識。因此，單純在詞彙上加以變化，並不代表該社會就隨之有所改變。譬如為了改善對身障人士的看法，選擇了「身障朋友」一詞來代替「身障人士」，但這並不代表社會上對身障人士的相關認知會自動改變。若社會認知缺乏名副其實的變化，「身障朋友」這個新詞彙，反而會給身障人士帶來壓力。明明沒當成朋友看待，為什麼要說是朋友？就像自詡為文明人士，便以「野蠻朋友」代替「野蠻人」來稱呼遠方國家的原住民，這才是「掛著文明之名的野蠻行徑」。

但是，如果圍繞著詞彙的各種條件有了變化，那麼即使詞彙本身沒變，詞彙的含義也會改變。就以韓國著名歌手金光石所唱的名曲《三十歲左右》（서른즈음에）為例吧。從這首歌的歌詞「我以為青春會永駐」來看，顯然是將三十歲看成青春的終點。再來看另一首歌的歌詞「三十歲左右的我們會愛上什麼／難道不會對年輕時的遠大夢想感到羞愧嗎？」，感覺就像是一個急於變老的人把三十歲看成了老化的象徵。「三十」一詞所指稱的三十歲，基本意思沒變，但如今的含意卻和過去大有不同。這是隨著人類的預期壽命有了相當大的改變之後，才可能出現的變化。

足以與壽命驚人的延長相媲美的歷史條件變化，還有資本主義的登場。大規模商業的發展，以及隨之而來的資本主義興起，其實是人類史上的巨大變化之一。在這番變化的潮流中，商人希望一改過去被視為「貪婪狡詐者」的形象，將自己追求利潤的活動予以正當化。因此，抱有同感的知識分子便努力改變既有評價性詞彙的含意。在此過程中，「節儉」「野心」「精明」等詞語的含義發生了變化。在歷史學家看來，新教的精神是否真的是造成資本主義興起的重要因素，尚待確定，但至少新教倫理在資本主義正當化上，提供了很多有用的評價詞。因為有了資本主義興起這一重大的社會變化，這些評價詞的含意也才有可能改變。

昆廷．斯金納認為，我們生活的世界是依照如何使用具有規範性質的評價性詞彙來支撐的，因此改變世界的方法之一，就是改變這些評價性詞彙的使用方式。事實上，優秀的作家會敏銳地捕捉時代潮流，重新定義當代的評價性詞彙。比如義大利文藝復興時期的作家馬基維利在《君主論》一書中就提出，以往被高度評價為一種美德的「慷慨」（liberality）一詞，其實可能是一種惡德。在韓國社會裡，「善良」曾經是被高度評價的美德。但不知從何時開始，在社會的一隅中「善良」這個詞的用法，代表「不具備美貌、財力、知性、學識等等條件，最後能拿出來評價的，只剩下無稜無角的個性罷了」的意思。這種趨勢如果繼續下去，那誰還會願意在聯誼活動上被說成是個「善良」的人呢？「善良」逐漸成為「無能」的代名詞，這種現象到底暗示了韓國社會正朝著什麼樣的方向發展呢？

我也討厭下標題

標題的用處

期末給學生安排報告主題時，我經常強調，一定要加上標題。之所以如此強調，是因為偶爾會有些學生不給報告定一個標題。既然我說了一定要加標題，結果就有學生把標題定為「×××的想法」或「×××的報告」。很煩，對吧？我也知道。我也時常覺得加標題這種事很煩，我也想寫完內容就好，加什麼標題！我還想隨便加一個像「金英敏文集」之類的標題，然後就能去泡溫泉了。

雖然深有同感，但我還是一再要求學生加標題，因為下標題也是智力訓練

的一部分。在決定標題的過程中，學生可以對自己寫的文章內容再多思考一下。而且在加上標題的同時，也提供了一個重新審視整體與部分的關係，以及「代表」或「再現」（representation）概念的機會。在愚作《我們僅僅希望》（우리가 간신히 희망할 수 있는 것）一書中，有關「代表」的概念，就有下列這樣的敘述：

懸掛遺照是為了讓人想起亡者，但遺照不是亡者本人。也就是說，再現雖然能讓人想起某個對象，卻不是這個對象本身，所以風景畫不是畫中的風景本身，任何國家的地圖也都不是它所指的國家本體，無論哪個地球儀也都不是眞正的地球。阿根廷作家波赫士透過一種思考實驗，證明了混淆這一點會發生多麼荒唐的事情。

有個人一心想製作出能夠完美再現實景的終極地圖，他開始製作一幅各方面都和實際風景以一對一的比例精準對應的地圖。他的工作順利進行著，但他的地圖也隨著完成進度變得越來越大。到了地圖終於和現實完美對應的時候，地圖的尺寸也和現實的大小一模一樣。問題是，這麼大的地圖誰也拿不動。而且，如果和實際一模一樣的話，看實際的風景不就好了，又何必要看同等大小的地圖呢？

總而言之，「代表」或「再現」，不是複製或模仿，重要的不是將自己想再現的內容原封不動地傳達出來，而是要抓住其核心特徵。加標題也是一種代表或再現，如果想最大限度地以完全仿照的方式來傳達文章內容，那乾脆就將整本書的內容都直接拿來當標題，也就變成波赫士所說的，那幅尺寸大到等同實景、精準到讓人啼笑皆非的地圖一樣。如此一來，這個模仿性的標題也會成為和文章內容長度一樣長的標題。

標題最好簡明扼要，如果覺得一個精簡的標題很難完整表達內容的話，可以試著加上副標題。如果副標題具有解釋和闡述作用的話，那麼主標題用稍微

尹斗緒，美人讀書（十八世紀初）

比喻性質的方式表達也不錯。因此不管是學術論文或是學術書籍，如果想使用帶點文學氣息的標題時，往往就會出現有主標題的同時，還有一個副標題。電影也常常出現比喻性的標題，譬如一九八四年裴昶浩導演所拍的電影《獵鯨》（고래사냥），就不是一齣捕獵鯨魚的電影。片名裡的「鯨」只是一種比喻，所以這部電影中並沒有出現真正的鯨魚。如果有人被問到「看過裴昶浩導演的《獵鯨》嗎？」時，結果回答：「看過，電影裡用魚叉捅鯨魚的場面太殘忍了！」，這人肯定沒有看過這部電影。

和副標題作用相似的，還有花語。芍藥的花語是羞怯。買了芍藥看過花開的人，一定對芍藥的花語深有同感。似乎不想輕易以內心示人的芍藥，一直含苞待放，直到時機成熟，才綻放得無比燦爛。因此芍藥又被稱為「開懷花」，原本含羞帶怯，一朝開懷綻放，這反轉的妙趣讓許多人都愛上了芍藥。

加標題就跟取名字一樣，一個人的名字就代表了這個人，就這點來看，二者有異曲同工之妙。如果還不熟悉相關外語，取的外語名字可能就很奇怪。到韓國的語言中心看看就知道，經常會出現外國學生取自己的韓語名字是直接取材自韓國歷史的情況。「我的名字叫（淵）蓋蘇文．彼得森」「我的名字叫（乙支）文德．艾凡赫」「我的名字叫春香．布蘭琪」。[1]如果不了解東亞歷史的話，在日語課上稍有不慎就可能取了個「（豐臣）秀吉朴」「（伊藤）博文曹」之類的名字，所以一定要學好歷史。韓國人取英文名字的時候也一樣，什麼「屋大維（Octavianus）．金」「戈貢佐拉（Gorgonzola）．朴」「赫克托爾（Hector）．鄭」。[2]唉！

先不說期末報告，報紙專欄或書籍下標題的過程就比較複雜。不管是審查專欄的報社主編或書籍的出版社編輯，通常都認為自己在決定標題時握有相當大的發言權。由於標題的決定很大程度受到編輯的影響，因此如果對報紙專欄的（小）標題不滿意，也不能全都怪撰稿人，因為那個標題一般都是編輯台決定的。當然，編輯也有各種不同的傾向，有人會盡量尊重作者的意思，有人則偏向於反映報社或出版社的想法。

作家與出版社或撰稿人與報社，針對標題所展開的拉鋸戰，通常來自於對行銷效果和意義的立場分歧。報社和出版社基本上都想使用一個利於行銷，或大幅吸引讀者關注的標題。因此有時會故意誇大不那麼重要的元素，放在封面或大標題上凸顯出來，彷彿那就是整篇文章或整本書的核心所在。作者當然也關心自己的書在市場上的銷售量，但他更想強調的是自己的「宗旨」。不過這種爭議，在銷路有限的學術書籍或學術論文中，就比較少見。

其實，標題對市場行銷的影響很大。一九九九年韓國賣座電影中有一部名為《毫不留情》（인정사정 볼 것 없다）[3]。主角安聖基曾說過，這部電影的成功，祕訣就在於片名。電影裡有「毫不留情」的殺手，也有「毫不留情」追捕殺手的刑警。同時這個片名也讓人覺得，這部電影會「毫不留情」地展現精采場面，「毫不留情」地讓觀眾享受觀影樂趣，而且這就是一部應該「毫不留情」地衝去觀賞的電影。

《雙面薇若妮卡》是以拍攝嚴肅「藝術」電影而聞名的波蘭導演奇士勞斯

基，在一九九一年所執導的電影。從片名上來看，似乎是一個名叫「薇若妮卡」的女人和兩名對象所展開的華麗婚外情的樣子，但實際內容並非如此，裡面完全沒有赤身裸體進行角力運動，搞得氣喘吁吁的場面。但若只看片名的話，還真像是一部「色情電影」，甚至能製作成系列電影。如果這部《雙面薇若妮卡》賣座好的話，接下來就可以製作《三面薇若妮卡》，翌年再製作《四面薇若妮卡》……最後，當《百面薇若妮卡》終於上映的時候，就可以舉行盛大的慶功宴。不管怎樣，據說《雙面薇若妮卡》這部電影，因為片名的關係（？），票房相當成功，雖然來看電影卻中途離去的人很多。但也不能說《雙面薇若妮卡》這個譯名扭曲了原來的片名，原來的法文片名是「La Double vie de Veronique」，而英文片名則是「The Double Life of Veronique」。

總而言之，標題要能反映內容，但要簡明扼要，而且在講求精簡的同時，也要能吸引人們的注目。那麼像「早上想死最好」[4]這樣的標題如何？這個標題並未概括或包含了整本書的內容，是我借用了部分人士喜歡的專欄名稱。不過從編輯的角度來看，這個名稱卻是最適合用來吸引人們關注的標題，尤其會對「早上」和「死」並列所帶來的效果，感到滿意。

那麼像「我們僅僅希望」這樣的書名呢？不覺得是一個甜蜜無比的標題嗎？但如果考慮到包含了這幾個字的整個句子的話，情況就不一定如此。這個標題摘自該書序言裡的一句話──「我們僅僅希望，透過閱讀古典文本，能成為一個懂得閱讀原典的人，而生活和世界就是原典。」如果讀完整個句子，就知道「我們僅僅希望」這幾個字要表達的意思，其實不是那麼甜蜜，它只是客觀地傳達了作者的主旨：不應將閱讀古典文本視為包治百病的靈丹妙藥。從這幾個字的脈絡來看，標題中最重要的單詞就是「僅僅」，同時那種看似甜蜜的錯覺，也滿足了編輯的行銷口味。有很多標題都類似「我們僅僅希望」這個書名，必須看了整個句子，才能完全理解。假設有人把書名定為「爛透了！」，那就必須實際閱讀了這本書，才能知道爛掉的不是食物，而是冷嘲熱諷，是指嘲諷這件事爛透了！

那麼「什麼是學習？」[5]呢？和「我們僅僅希望」或是「早上想死最好」相比，似乎更忠實地涵蓋了整本書的內容。其實這本書裡的章節，全都是有關學習的各個層面，主要是希望讀者透過每個章節思考學習的真正意義。至於為何採取「什麼是……？」這樣的句型，是因為編輯期盼讀者還記得作者的前作《什麼是中秋？》這本書。

由此可見，標題非常重要。標題能喚起讀者的關注，能讓書中模糊、不透明的內容變得清晰可見，能把書籍多方位的內容導引到一個固定的流向。而且有的時候，文章的內容，因為它的標題，才變得完整。就像美國作家查理．布考斯基以下的這首詩一樣，就是靠著詩名才完成的。

「雖然難以置信／但確實有些人／在沒有糾紛／沒有痛苦之中／平平順順地生活。／他們穿著高尚／吃得好、睡得好。／而且／對家庭生活十分滿意。／雖然有時也會／沉浸在悲傷裡／但基本上／心靈平靜／偶爾甚至／幸福到了極點。／就連死亡時也一樣／大多是在睡夢中死去／輕鬆地／結束這一生。／雖然／難以置信／但這樣的人／真的存在。」

查理・布考斯基這首詩的標題是〈外星人〉（The Aliens）。

註解

1 淵蓋蘇文是抵抗大唐的高句麗名將，中國史書為了避唐高祖李淵名諱，稱其為泉蓋蘇文。乙支文德是高句麗早期的將領，戰勝隋朝數十萬大軍的入侵。春香是韓國膾炙人口的愛情故事《春香傳》裡的女主角。

2 屋大維是羅馬帝國的首任皇帝奧古斯都。戈貢佐拉是一種藍黴起司。赫克托爾是特洛伊第一勇士，被稱為「特洛伊的城牆」。

3 中文片名為《強捕》，此處為了前後文脈絡，採用韓文片名直譯。

4 作者的原意是在早上頭腦清醒的情況下思考「死亡」這個人類的條件最好。

5 本書韓文書名直譯為《什麼是學習？》。

第二部

學習的生活

知識成熟的過程

透過出於好奇而開始的知識探索，可以體驗到今天的我比昨天好的體驗；透過學習，可以享受擺脫過去無知自我，樂在其中。比別人好，沒什麼意思，別人如何關我什麼事？自我提升的體驗，才能帶來「自己人生自己顧」的感覺。習慣了這種感覺的人，會拒絕由他人做主的人生。

這門課的目標在於改變對學習的理解

第一堂課

大家好！這是我們的第一堂課，但不講課，我要先介紹這門課的目標，以及這一學期課程進行的方式。

首先我想強調的是，這門課不是必修，而是選修。也就是說，不必為了求畢業而強迫自己來上課，我希望大家是真的想聽才來上課的。有些學生為了拿學分而死記硬背筆記內容，考試時再把它們全部吐出來，考完就全拋在腦後，這樣的話，就不適合上這門課。最適合上這門課的學生，是不把學分當目標，只認為這段學習是一種手段或過程；或是自發性地想學習這門課內容的人；還有就是，想提升自我的人。而我講課，也不會抱持只是為了混口飯吃或拿薪水，不得不授課的態度。我會在上課時，盡自己所能協助各位的發展。

雖然不知道是否會成功，但這門課的目標是——改變各位對學習的理解。

上課前後如果沒有任何改變，豈不是浪費時間嗎？變化不會無中生有，而是要付出辛苦的代價才有可能產生。就像運動的時候，如果選擇重量太輕的啞鈴，那再怎麼訓練也練不出肌肉。只有使用比平時稍重的啞鈴，反覆推舉，才有可能練出肌肉。思考的肌肉也是一樣。我們每天都在呼吸，難道就因此成了呼吸達人嗎？隨隨便便地呼吸，是不可能成為呼吸達人的。學習也是一樣，如果在學習過程中只感到無比舒適的話，那其中必然出了什麼差錯。

為了舉起比平時稍微重一點的知識重量，就需要一定的紀律。俄國著名的電影導演安德烈．塔可夫斯基（Andrei Tarkovsky）說過：「規律性地做好某些事情，就會出現奇蹟。」上這門課的人首先要盡力做到上課不遲到。遲到不僅會妨礙上課，還會錯失貫通整個課程的起承轉合節奏。為了防止大家遲到，每次上課都會準時點名，我的目標是在學期結束之前記住各位的名字。但不會只要求學生不要遲到，我自己也會盡量做到整學期都不遲到。

還要盡全力做到不缺席，一門課有所謂的長期進程，中間只要缺席一次，不只會錯過當天的課程，更可能影響整學期一貫的進程。如果你問生病了非請假不可怎麼辦？那只能希望你不要生病。當然沒有人願意生病，所以平常勤洗手、三餐按時吃、運動要規律，盡可能維持健康狀態。我也會盡自己所能一整學期都不要生病。看起來，這點對年輕的各位應該比較有利，對吧？

還有，上課中，沒有特殊理由不可離開教室。早先有堂課，一個學生的手機響了起來，他為了接電話竟然毫不在意地走到教室外面去。幸好長久以來我一直在修身養性，才沒有做出飛踢那學生之類的事情。上課中離開教室的行為，會妨礙到其他同學聽課和老師的授課。就像進電影院前關手機是一種禮貌一樣，進教室前關手機也是一種禮貌，我也會把自己的手機關掉。

那麼，上課中可不可以去化妝室呢？當然不可以！各位都是成年人，成年人的自豪就在於能控制大小便，社會上也希望各位有能力控制好一個半小時的生理現象。就像看電影之前先去一趟化妝室一樣，進教室之前也請先去一趟化妝室。還有，別忘了洗手。不過如果有例外情況者，請先協商。

就算提前去了化妝室，但還是可能發生無法掌控的情況，對吧？也不能因此就在上課中突然舉手哭喊「那個什麼跑出來了！」，這就太尷尬了。碰上這種情況，就唱歌吧！上課中如果有人無可避免地發生非去化妝室不可的情況時，那就開始唱歌。如果聽到從哪個地方傳來低低的歌聲，大家就會預感有人馬上要走出教室，先做好心理準備的話，也就不會在上課時分心。大家都能體諒同學唱著歌離開教室的痛苦，體諒也是不亞於紀律的重要公民道德。歌唱得越大聲、曲調越悲傷，就表示他身處的情況越嚴重。萬一是我突然想要上廁所的話，我會唱葬禮進行曲。

我的說明到此為止，可能會有人覺得「啊，好像有什麼不對勁，我得趕緊離開教室辦理退選」，說不定有人一見到我就想離開教室。這些我都可以理解，但如果突然爭先恐後離開教室的話，也會影響上課，請等到下課時間。下課時間離開比較不會傷到我的心，離開的人也不用冷汗直流，可以光明正大地走出教室。

還有，關於學分的問題。教學大綱的第一頁上面，明確規定了取得學分應盡事宜和評分標準。也就是說，學分是按照這個標準來計算的。上課時積極參與也是計算成績的重要因素之一，這點請牢記在心。上課不是上桌吃飯，不能任你挑三揀四，為了讓課程更加精采，老師有老師該做的事，學生有學生該做的事，學生也要像老師一樣積極投入才行。

如果學期末成績不理想，也請不要過於失望。有付出就想得到相應的回報，這是人之常情。但個人主觀的希望卻不見得和客觀的評價結果一致，評價要是不夠客觀，這社會通用的成績單和推薦書，就會失去人們的信賴。什麼是積弊？當社會上摧毀信賴的行為累積起來，就成了積弊。人生不會因為一、兩科成績不理想就出現大問題，希望大家不要無憑無據地就跑來耍賴，要求更正

Agnolo Bronzino, Portrait of a Young Man(1538)

成績。要更正成績可以，拿出證據來。沒有證據，再怎麼求情，成績也不會變的。請看著我，已經感覺到了吧？對於成績這種事，我像是會講情面的人嗎？

有關成績方面，我也想盡量保持冷靜，但有一件事情是我也害怕的。聽說，有些父母會因為子女成績不理想，就跑到學校來找老師求情或耍賴。這實在讓人很難堪，大學又不是幼兒園，各位都是成年人了，既然是成年人，就該像自己會大小便一樣，自己的成績也應該自行處理。不可能要求媽媽拍一部獨立電影，然後自己帶著這部電影參加獨立影展吧。我都這麼強調了，如果因為你們的成績不理想，各位的媽媽還跑到我的研究室來欺負我的話，那我也沒辦法了，也只好叫我媽媽來！

立一根精神的豎脊肌

學習所期待的效果

不知從何時開始，我變得很討厭寫研究計畫書，因為韓國的研究計畫書裡面，大多有一個要你填寫期待效果的欄位，但我卻無話可寫。我不敢保證這項研究完成之後，就一定有這樣那樣的效果，而且我所從事的研究本身，也不是以那些效果為前提。如果只是為了達到立竿見影的效果，我大概早就從事別的工作了。只要是不顧生計問題，矢志學習的人，大家應該都有這種相同的苦衷。那麼，這份到最後都沒有提交的研究計畫書上寫了什麼呢？好像是改編自藝術家佩蒂·史密斯說過的一句話——「我為什麼學習，因為不能就這麼活著

（什麼也不幹）！」。

不能因為學習不是為了賺錢、不是為了看起來博學多聞、不是為了在競爭中勝出、也不是為了立竿見影的用處，就不對學習的結果抱持任何期待。我們能夠期待的是，透過出於好奇而開始的知識探索，可以體驗到今天的我比昨天更好；透過學習，可以擺脫過去無知自我，樂在其中。比別人好，沒什麼意思，別人如何關我什麼事？自我提升的體驗，才能帶來「自己人生自己顧」的感覺。習慣了這種感覺的人，會拒絕由他人做主的人生。

透過知識探索，自己的哪些部分會有所改變呢？知識多了，認知也會變得更細膩。在沒見過多少亞洲人的西方人眼裡，很難區分韓國人、中國人、日本人、蒙古人，覺得長相都差不多。但如果見過更多的亞洲人，有了更深的認識之後，對於他們的區別就會比剛開始時更清楚，「原來韓國人、中國人、日本人長得都不一樣呀！」。同樣的，那些很少見過白人的人，很容易以為世界上的白人都是一個模子印出來的。但是見多了白人之後，就會明白只是名稱是白人，他們的皮膚可不見得都是白的。葡萄酒不也如此？因為有經驗豐富，懂得細分葡萄酒味道的人存在，葡萄酒才會被細分化。在這樣的人面前說葡萄酒味道都一樣，等於在宣告自己對葡萄酒一無所知。因為少見，才覺得都差不多；因為無知，才會分不出來。

然而，懂得仔細辨別不見得就是一件好事，隨之而來的詛咒也不容小覷。眼光如果變得更明亮、更細膩，把事物看得更清楚的話，雖然能感受到從未見過的美好，但此前看不到的污點也會映入眼中。詩集看多了，就會開始對地鐵站裡展示的大部分詩篇看不順眼，也會對酒桌上吟詠的打油詩感到難以忍受。不，這些詩本身還可以忍受，是那些以詩自誇的人，才令人受不了。久而久之，就會被人當成是一個雞蛋裡挑骨頭的人。到最後，說不定會如同某部小說裡的主角一樣，為了逃避這個世界，故意堅持自己眼睛不好。

但是，沒有細膩的區別，文明就不可能存在。「就大致往那個方向飛過去吧，然後就會抵達月球！」照這樣的方式，是不可能把太空船送上月球的。要

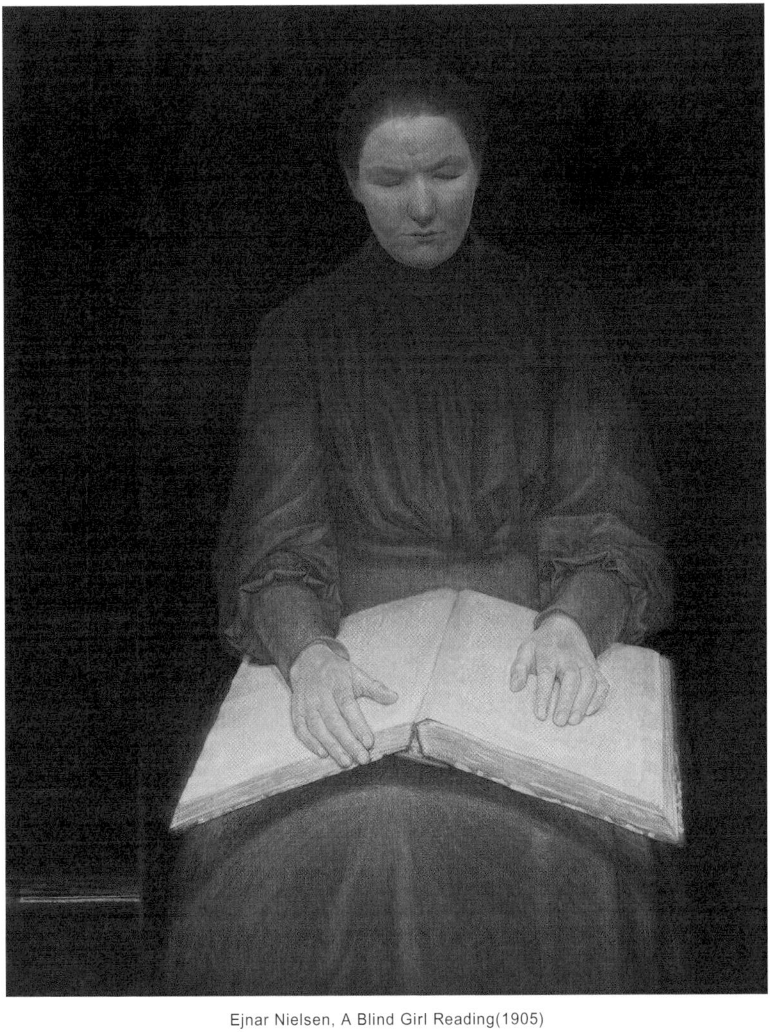

Ejnar Nielsen, A Blind Girl Reading(1905)

細心地區分方向和距離，加以精準計算，這樣發射升空的太空船，才能準確地抵達目的地。然而，不是只有科學才需要精確的區分，《追憶似水年華》一書的作者馬塞爾・普魯斯特也曾經說過，如果不賦予經驗恰當的語言，那麼它就會消失。如果不使用符合你獨特經驗的細膩語言來捕捉自己的經驗，那麼這個經驗就會消失，自己的人生也會隨之逸散。

細膩在社會生活中也很重要。唯有以細膩的語言為媒介，進行自己與他人能相互理解的訓練，才能形成一個生活共同體。人類的生活還沒有簡化到可以草率行事，如果以草率的眼光和言語來對待對方，雖然不至於摧毀對方或互相亂刀砍死，但也很難真正地理解對方。如果學習也是如此草率的話，只會讓偏見變得更嚴重，也不可能糾正偏見。細膩的語言才是能發展自己精神層面的精良破冰船，若想擴張自己的世界，就必須和其他世界的人往來，而細膩的語言就是這段往來過程中不可或缺的條件。如果能好好駕馭語言這艘破冰船的話，就算物理意義上的世界不變，自己所體驗的宇宙也可以擴張。倘若再加上對整個過程能有跨領域的理解，那麼宇宙將會變得立體。語言並不是這個社會上令人厭惡的一種裝備，在一個不鼓勵學習如何積極活用細膩語言的社會裡，期待擁有具備明智和共同體意識的公民，無異於在沙漠中尋找水患災民一樣。

不過，如果有人總是將某件事情視為尋常，或者使用太過模糊的語言，或是在灌輸知識的名義下只說些浮於表面的言辭，或長篇大論說些沒有深度的話，或者胡扯些只要短暫學習就能達到十足效果等等，這簡直是接近反社會的行為。他們甚至會說，只要學了這個，或是只要讀完這本書，就能補足你虛弱的氣力，終止你精神上的饑渴，粗糙的皮膚會變得柔細，飽受霧霾之苦的心肺會恢復活力，年輕人不辨好壞的閱讀狀況得以緩解……這就好像走進一家餐廳，發現他們大肆宣傳「吃了這道菜，疑難雜症百病消」，你要趕緊轉身離開一樣，看到這類型的知識廣告，也得速速逃離。

世界瞬息萬變，社會環境已逐漸不容一個人投注心力在看似無用武之地的學習上。此刻，如果學習最終得到的效果只是成為一個挑剔難纏的人，那麼還有什麼好期待的。但事實並非如此，其實這當中還有一件意想不到的禮物，那就是越顯無用武之地的學習，越散發著奇妙的「紀律」。有些學習不知道用處何在，也似乎不是任何人都能輕鬆學會的，比如學習拉丁文、漢文[1]、閱讀草書或攀岩等等。有些人會認真從事現實中不見得會帶來什麼好處的事情，他們身上就散發著某種紀律感，就像不失自制力的破戒僧一樣。

有位新聞記者曾問登山探險家萊茵霍爾德．梅斯納爾（Reinhold Messner）：「你攀登喜瑪拉雅山脈的南加巴背峰（Nanga Parbat）有什麼意義？」梅斯納反問：「那你的人生又有什麼意義？」從他的回答中，可以感受到某種一般人在精神上很難擁有、類似豎脊肌（Erector Spinae）之類的東西。在凡事講求實用性的二十一世紀裡，對於仍致力埋首學習無用之物的人來說，這種精神上的豎脊肌就是他們最終期待的學習效果。然而，這些看似無用，卻令人著迷並投注熱忱的事情，其背後代表的意義，並非所有人都能認同。假設有個年輕人立志為學問或藝術掘一口深井，人們通常會嘲諷他說：「什麼，你要為學問或藝術挖一塊墓地？」

就像這樣，有些人無法理解貌似無用之學的意義，所以大概逼死他都不會去學。討厭做某件事情到如此地步，也算是一種值得認可的決斷力。討厭學習之餘，他可以做到除了學習之外的其他任何事情。況且，討厭學習沒關係，至少他能適應令人窒息的組織生活，甚至做得到每天上下班。

註解

1 指中國古代的文言文，大韓民國成立之前的古籍、史書大多是用漢文記載。

沒有逆轉人生的滿分全壘打

學習的生命週期

我從來沒有重新投胎轉世的想法，人生一次就夠了。人活一世是一整個生命週期，同樣的，學習也有生命週期。雖然一年四季都有水果，但能吃到真正美味的蘋果、草莓、櫻桃、柿子的時候，其實還是在一年裡固定的季節。同理，有些學習是要靠累積的，所以為了在秋天能讀懂某一本書，有些書最好在春天先讀完。

當然，這不是倚老賣老，如果有人這麼認為，我想告訴他德國社會學家馬克思・韋伯在《以政治為志業》（*Politik als Beruf*）一書中所說的話——「在討論過程中，對於拿出生證明上的出生年月日來仗勢欺人的對手，我從不容忍，不能單單憑著對方二十歲，我五十多歲這一點，就說我更有成就、更有學問。年齡不是問題，關鍵是一個人在面對生活時是否鍛鍊出勇於面對、勇於忍耐，以及內心是否勇於承擔的能力。」

小時候希望自己有好運氣，偶爾也期望自己能活得痛快，也就是說，輕輕鬆鬆做到吃喝拉撒睡。這些事情在某種程度上也是需要靠學習才做得到的，還要養成不讓情緒停留在大腦和心中的習慣。就這樣！小時候所希望的，就是學會這些，那麼將來才不會被一些無謂的不安所困擾。

青少年時期，我想著要最大限度地展現出天生的肉體力量，但某種程度上，做到這些也是需要學習的。本來應該嘗試看看，可惜沒機會嘗試。本來應該吃飽飯像野牛一樣在外面瘋狂奔跑的，可惜一直躺著沒有動。在國外生活時，我最羨慕的是，教育者對青少年的體育教育投注了極大的關心和努力。

早知道就應該及早開始學習外語，外語不僅是旅行的工具或求職的技能，還是一把能打開另一個世界的鑰匙，這個世界和僅由母語所組成的世界，有著迥然不同的樣貌。只有學習了外語，才會實際感受到「我言我所思」這句話的意義。當然，不會說外語也有好處，被人用自己不懂的外語辱罵時，也不會因為罵得太難聽而受到傷害。

不僅是外語，我還想學學漢文或拉丁文之類的古典語文。不懂漢文並不會對說韓語的生活有多大的影響，只是會錯過一個實實在在讓自己的語言生活更有深意的機會罷了。這就好比在不識漢文的情況下，明明是禽獸之間的相互安慰，竟然說「哎呀，這不都是『人』之常情嘛！」。

上大學之前，我想成為駕駛員、廚師、萬能維修高手，雖然也是為了生活上的便利，但戀愛時似乎很有用。如果有幸成了大學生，我不想接受義務性的全人養成教育。這種必須忍耐接受的全人養成教育，不會讓知識廣度或是德性變好，只會認為自己完成了一項名為「全人養成教育」的「任務」。我想處在一個能自然而然學到「剝削別人是不好的」的環境裡，不想因為當不成優秀的王子，就品格低劣。

正如不累積基礎體力，日後就會經常罹患感冒一樣；如果不累積基礎知識，就會罹患知識感冒。所以一旦有幸上了大學，我想好好學習聽、說、讀、寫。校園傳說提到，量化研究和質性研究，都可以晚點學。首先要學好的是，說和寫。還有，希望能學會說服他人和被他人說服，就要在自己被判定有錯的時候，不要突然裝瘋賣傻逃避這個結果。另外，哪怕一次也好，想上上最高水準的通識課程，一邊聽講一邊感受泉湧般的喜悅。

如果我被判定是一個不適合職場生活的人，或者我是一個瘋狂愛讀書的人，或是手中有錢的話，搞不好就會去上研究所。研究所的教育目標不同於大學，沒有人會把學問送到嘴邊餵給你吃。習慣解題有固定答案的人，在這個階段就會大大受挫。上了研究所就應該懂得自己提出研究問題，制定研究計畫，學習執行方法。「這部分人家不懂啦……心情好鬱悶喔……給人家兔肝[1]啦！」，可以這樣撒嬌耍賴的時代已經過去了，所以不要「起乩」說什麼突然

Albert Anker, Elderly Woman Reading the Bible(1904)

開竅，身為研究者就要學會尊重前人所累積下來的知識。

研究這條路不只是單純地累積知識，還包括為認識論的客觀性做出道德判斷。缺乏這種道德判斷的話，就無法保證探索和認識的客觀性，而且很容易造成一個人「自己看不見就堅持不存在，自己做不到就認為沒必要做」的謬誤。習慣了尊重認識論的客觀性之後，在碰到把自家醜小孩誇成一朵花的父母時，就會產生一種使命感，覺得自己應該實話實說。不過，腦子裡想的話，也不見得一定要說出口。

我希望在畢業前，能有幸遇見一位嚴厲的老師，哪怕一次也好。雖然安排的作業很多，給的評語很犀利，讓人開心不起來，卻能因此學到很多，所以即便嚴厲，也還是會諒解他。如果沒有嚴厲的老師，我極有可能成為一個蒙塵的民間高手。在網路衝浪的過程中，隨處可見民間高手向職業選手挑釁的影片。學問之路比民間高手之路殘酷得多，必須承受自己最後被判定不是塊讀書的料，而且民間高手也不具備背負學術使命感的風險，但世上沒有哪個長期投入的領域是不需要承受風險的。

如此這般，人就到了中年。這時候要小心，世上有很多賣靈丹妙藥的人。尤其要小心預言家，要提防把話說得口沫橫飛，卻難以驗證真假的人。相信的人多，不見得真實度更高。法國小說家安納托爾·弗朗士（Anatole France）不是說過，相信瞎話的人再多，那也還是瞎話。隨時提防那些要你相信他的「賣藥人」，別聽信他們說什麼「相信他就可以馬上開竅、一掃過去無知」「相信他就可以讓你擊出逆轉人生的滿分全壘打」。學習不是上山採蔘，也不可能讓姿勢性低血壓患者一下子變成姿勢性高血壓患者。

人到中年，寧可接受自己有所欠缺，欠缺反而會創造可能性。我希望青壯年時期的某種欠缺能成為一種資源。就算飽受欠缺之苦，我也不想過著根本不知道自己有所欠缺的人生。

到了老年，體力明顯下降。這個時候，就算國家需要拯救，也會覺得太累了懶得救。如果一直堅持學習到這個時候，那麼學習至此已成為了一種習慣，不需要為了學習每次都得下定決心。可以節省花在決定上所需的精力，積極向比我年輕的人學習。手裡有錢的話，付學費也沒問題。

然後，終於到了最後時刻。人總有一天會死，之前買了沒看的書，此刻也得放棄。到了這個階段，就得慢慢清除同學們在我生命中所留下的足跡，沒有噩耗傳來，只是也難以聽到近況了。這種時候，就先做個深呼吸，再關掉小客廳的燈吧。

這就是人生嗎？原來，都已經是過去的事情了。

註解——

1 取材自韓國民俗故事〈烏龜取兔肝〉，故事中，兔肝是治病妙方。

若不想在知識上胡扯

學習與體力

對老愛胡扯的人，有個方法可以同情他——「唉，那人沒體力，只好用嘴力！」這麼想就行。沒體力會發生什麼事呢？會造成注意力不集中，思考力下降，話聽不進去，字看不下去，到最後就會胡扯，譬如發表到一半，突然高喊一聲：「孩子的媽，我手腳痠痛！」雖然其他職業也可能會如此，但對學者來說，胡扯是致命傷。如果不想說些瞎話，就要維持好體力。體力對聽者也一樣重要，沒有足夠的體力，對瞎話的抵抗力就會降低，無法保持風度繼續聽對方瞎扯。萬一被貼上刻薄的標籤，社交生活就會有困難。

凡事的基礎在於體力，而在學習的道路上體力尤其重要。因為學習是一項長期競賽，如果沒有體力常保熱情，就無法取得預期的成果。孟子曰：「有為者辟若掘井，掘井九軔而不及泉，猶為棄井也。」一直等待情人的到來，是為了什麼？要是只等一個小時就不耐煩走掉的話，到頭來還是沒見著。一槌又一槌地捶岩石，是為了什麼？要是在岩石沒裂開前就不耐煩放棄的話，到頭來岩石還是沒捶開。如果一個人就只是喜歡享受過程倒還無所謂，但若是一個堅持要獲取一定成果的人，那麼就必須培養長期作戰的體力。就算是具有創意性和挑戰性的嘗試，也必須有良好的體力為後盾。

雖然體力如此重要，但與頭腦的重要性相比，體力的重要性似乎一直沒有獲得充分的重視。首先，國、高中的教育就一向低估了體力訓練。韓國的學校裡一週有幾堂體育課？那些課又真的有助於提高學生的體力嗎？而且到了高三，體育課不是被取消就是被縮減，名義上是體育課，卻把時間拿來預習或複習所謂的「主要科目」，不是嗎？根據經濟合作暨發展組織的統計，睡眠時間最短、運動時間最少的，就是韓國學生。

這樣的教育環境很有可能會給學生不正確的訊息。有個學生一臉蒼白地喝著咖啡因飲料，坐在窗邊讀卡謬的《異鄉人》。讀著讀著眼睛痠了就抬頭，瞧一眼像激動的哺乳類動物一樣在運動場上馳騁的同學們，嘴裡喃喃自語：「一群野獸……」但說不定在運動場上奔跑的孩子們嘴裡會說：「那同學身體虛弱，不讀書還能幹麼呢？」然而，這種情況就算進了大學，也不會有所改變。國外的大學中，有些學校游泳實力達不到一定的程度，就沒法畢業。但也有些學校，學生抽菸喝酒，三餐吃泡麵，整夜打電玩，照樣畢業。這雖然也會成為美好的回憶，但和大學時期一直像野獸一樣馳騁在運動場上的學生相比，體力上必然有很大的差別。

即使情況如此，年輕時期很難切實感受到鍛鍊體力的重要性。因為年輕氣盛，以為看書時靠著咖啡因飲料就能應付過去。但年輕是有限的，肉體是會退化的，體力也是受限的資源。一旦體力枯竭到不可恢復的地步時，就不得不放棄學習。然而，就算這個人放棄了學習，別人也不會知道他為何放棄，因為他太累了，連解釋自己為什麼放棄學習的力氣都沒有。曾經有人說過，人們沒有留下遺書的原因其實很簡單，就是因為沒力氣了。

假設好不容易熬過來，成了學者之類的人，也不能掉以輕心。因為在韓國，自詡為學者的人當中，經常大量喝酒喝到深更半夜的人多的是。在柏拉圖的《對話錄》裡，有一篇在杯觥交錯中進行的深奧哲學對話[1]，足以載入人類史。但這裡不是古希臘，大多數人的時間都是浪費在背後議論他人、感嘆自身遭遇或無聊玩笑中。萬一不小心，養成深夜爛醉胡言亂語的習慣，就很難維持學者的體面。首先，體力和頭腦就維持不了活力。或許有人會說，沒體力，用意志力支撐不就行了？但意志力是一種受限的資源，萬一有一天必須用到意志力來硬吞下難吃的甜點怎麼辦？所以還是省著點用吧。

那麼該怎麼做才能加強或維持體力呢？首先，出生的時候要健康。就像千杯不醉的人不知宿醉之苦一樣，天生體力好的人似乎也不知體力匱乏的感覺。

疲倦是什麼？是像空腹的感覺嗎？還是像發癢的感覺。相反的，缺乏體力的人，光是為了靈活運用四肢就得費盡心力，一個不注意，身體乏力，就會癱在地上，動彈不得。體力太差的人，就連睡覺的時候也感到疲憊不堪。

但不要因為健康地出生就驕傲自滿。出生的時候再怎麼健康，總歸還是人類的身體，沒有尾巴，也沒有鰭，和老虎或鯊魚相比，顯得太弱不經風了。過於相信自己的健康，結果早早離世的人不在少數。健康地出生固然是一件好事，但問題在於那不是自己可以選擇的事情。既然已經出生了，體力差又能怎麼辦？接下來只能盡力而為，那就是要吃得好。蒙古有句格言說：「肉給人吃，草給獸吃。」，只要不是素食主義者，不管是吃肉或吃魚，都應該攝取優質蛋白。小的時候吃得好尤其重要，小時候想吃得好，當然最好是出生在富裕家庭或福利國家，但這同樣不是自己可以選擇的事情。無可奈何，只能採取最後的方法。也就是盡量堅持下來，等到學術會議結束，再參加會後舉行的餐會，那裡一般都提供免費的優質食物。

Andrea del Castagno, Dante Alighieri(c.1450)

假設透過如此執著的努力，成功地攝取了優質蛋白，接下來就是要運動。學習通常需要很長的時間才會顯現成果，相較之下，運動的成果顯現得較快。看著日漸增長的肌肉，期待知識也能夠同樣增加。運動對緩解精神壓力也很有用。身為一名學者，就應該養成以運動代替飲酒來緩解壓力的習慣。在激烈的運動過程中，沒有多餘的精力胡思亂想，可以讓頭腦暫時休息一下。不僅如此，運動還能防止和思考能力有關的白質（White matter）萎縮，讓大腦變得更健康。

你說沒有條件運動？連運動的力氣都沒有？那就先休息吧！這時候，最好聽聽英國前首相邱吉爾的建議。有人問起人生成功的祕訣，邱吉爾這麼回答：「關鍵在於節約精力，能坐就不要站，能躺就不要坐。」

在明白了學習上體力如此重要之後，每次我看到阿諾·史瓦辛格或席維斯·史特龍之類的肌肉男，就會感到無比惋惜。他們才是最適合學習的人才呀！有那樣的身體，為什麼要當電影演員呢？應當去上研究所才對！體力這麼好，如果能把一門心思全用在學習上，那該有多好！直到我聽到韓國奧運舉重金牌選手張美蘭出國留學的消息之後，這份遺憾才終於消失。我是張美蘭選手的粉絲，希望她能專心學習，早日取得好的成果。有什麼重物要舉，就使喚我做吧。

註解

1 即柏拉圖的一篇對話式作品，《會飲篇》（*Symposium*）。

留學代表什麼

孤獨與自律

根據韓國教育部統計，出國留學接受大學以上高等教育人數，在二〇一〇年代經常超過二十萬人。與此同時，來韓國留學接受高等教育的人數也持續增長。二〇〇〇年代初期的留韓學生數只有一萬多人，到了二〇一九年已經增加為十六萬多人。留學生選擇前往的國家，以美國和中國占了絕大多數；來韓留學的學生國籍，則大部分是中國和越南。

留學需要相當多的經費，環境急劇的變化所招致的經濟上、肉體上、精神上的花費甚鉅。在經濟學上考慮到費用時，通常會想到機會成本。一個人即使沒去留學，不管他身在何處，還是要支出某種程度的衣食住行費用。考慮到這一點的話，留學費用可能就沒有想像中那麼高。但如果考慮到不去留學，而是去工作賺錢的話，那麼又會覺得留學確實是一件需要花大錢的事情。換句話說，留學是只對一部分人開放的特權機會，不管出資的是自己、父母、政府、獎學金財團，還是留學對象國的政府或學校。

吸引全世界人才的北美地區「頂尖學校」，一般都有良好的獎學金制度。根據二〇二〇年所公布的數據，哈佛大學提供大學部七〇%的學生財政資助，五五%的學生因為經濟困難領取助學金，哈佛大學有二〇%的學生家長不需要負擔子女接受大學教育的任何費用。

那麼研究所的情形呢？北美地區頂尖學校研究所的學費貴得離譜，但留學期間的所有學費和生活費大部分都可以獲得保障。換句話說，只要申請通過，就不必太擔心經濟問題，可以專心學習。目前韓國的大學研究所中，並沒有哪所大學提供類似的資助，在經濟不穩定情況下學習的學生，很難和無需擔心經濟問題的學生競爭。

那還有必要花大錢去留學嗎？如果對於自己所屬社會的教育機構所提供的知識都已經能掌握，卻仍無法消解對學習的飢渴，那麼就可以選擇前往任何一個地方繼續學習。不只如此，無法適應目前所屬環境的人，也可以考慮去留學。雖然人生就應該在逆境中破浪前行，但如果有機會換個環境，還是換了較好。就算不以學習為主要目的，只是想擺脫束縛住自己的各種枷鎖，這樣的人也可以考慮留學。就像過去有不少女性，為了擺脫令她頭痛的娘家，便選擇結婚一樣。如果靠個人力量難以改變周圍環境的話，那就試著離開吧。至少到其他國家留學期間，每逢節日（根本不想參加）的紅白喜事都會自然而然被摒除在外。也有些人不是為了以上原因，只是為了尋找新的體驗而去留學。

也可能有些完全無法適應人類社會的人，這種碰到人類就出現過敏反應的人，就算去留學也改變不了什麼。而且江山易改、本性難移，不管去哪裡，換了什麼樣的環境，本性還是很難改變的。但是如果你難以適應自己出生成長的特殊社會，那留學還是值得嘗試的，或許環境變了，生活在新環境中的自己也會隨之變化。人隨環境改變的體驗並不常見，但是留學或許就是那難得的體驗之一。

韓國的教育，一直在測試「完人」的力量吧？有些人就非得在新環境中，才會綻放潛能。也就是說，他們原本並不是無能的人，而是因為韓國社會狹隘的標準才被認定為無能的。也有些人情況剛好相反，在韓國被視為才能出眾，到了新環境卻被認定為極端無能。也就是說，這種人原本就沒什麼能力，只是很適應韓國社會所提供的教育罷了。說到底，留學就是把自己丟到一個難以捉摸的環境。

出國留學，等待你的就是可喜的孤獨。跟國內的生活比起來，接下來就是，一切都得靠自己。聽說有些父母會跟著早已長大成人的子女一起到留學地，幫忙煮飯洗衣服……真讓人無言！不過大部分的人還是獨自踏上留學之路，這麼一來，自制力就成了留學生活成功與否的關鍵。最重要的，就是要時時不忘自己遠渡重洋到他鄉，花費這麼多錢的初衷。為了達成目標要保持必要的熱情，透過規律的運動維持健康。培養遇事客觀思考的能力，以免陷入錯覺中，還要盡量不依賴他人，創造自己的生活。不管別人怎麼說，無論有沒有人規定，都應該按時起床，找到沒有變質的食物吃，保持個人空間的潔淨，收拾起散漫的精神，好好用功。而且一定要養成習慣，讓每一天都能自然而然地這麼過下去。因為，留學就是一個人孤獨面對的長期比賽。

留學所帶來的這種孤獨和自律，既是祝福，也是詛咒。到了異地，首先湧上心頭的，就是從一直以來束縛自己的社會枷鎖中解放而出的感覺，並且隱隱有種預感，這段異域人生將和過去大有不同。但這種自由不見得都是令人高興的，因為在自己國家中不曾感受到的陌生和怪異感，會立刻在整個生活中湧現出來。以我為例，到美國之後，才發現美國人的英語比我預想的說得更好。除了從小就住在美國，早已嫻熟美語的幸運兒之外，大部分留學生在以外語溝通時都會遇到各式各樣的困難。即使是輕易就能處理的事情，此時也必須花費好

Nicolaas van der Waay, Amsterdam Orphan Girl(c. 1890-1910)

幾倍的精力才能完成。而且因為是這個社會的異鄉人或邊緣人，因此和土生土長的居民相比，更需要時時證明自己是這個社會不可或缺的一員。

不久之後，身為留學生的我們就發現，在這個社會也是靠著一層層的社會枷鎖來維持運作，甚至約束的程度不亞於韓國，說不定還更嚴重。現在，又得再度進入好不容易才擺脫掉的社會枷鎖裡，而且付出的代價還比過去更大。在這過程中，保持清醒的頭腦非常重要。我突然想起出國留學前夕韓國的一位元老級教授鼓勵我的話：「如果去那個學校留學，××教授應該會在那裡，你就告訴他，（突然提高音量）不要再拿研究費了！嗯，還有，祝你留學生活愉快。你也知道，韓國教授多半是瘋子，這都是因為留學時期沒學好。嗯嗯，你可以離開了。」

在我對韓國的教育已經厭惡到了極點之際，幸運地獲得財團獎學金基金會的豐厚獎助，得以出國留學，累積了各種新的經驗，並在沒有完全失去健康的情況下返回韓國，而且還以留學時期所學到、經驗到的事物為基礎，從事目前的工作，所以經驗不會是毫無意義的。況且，留學還附贈了一個額外的禮物，那就是可以冷靜淡然地說出，留學也沒什麼了不起！

留學改變了我嗎？好像有，也好像沒有。古羅馬詩人荷瑞修斯這樣吟詠著——

人生短暫，我們努力追求的／爲何那麼多？爲何要尋找／那陌生太陽沸騰之地？背離故鄉的我們／連自己也要背離嗎？

每個人都需要研究年

深化學習的時間

我留學美國之後，也曾在當地工作，但從未下定決心要老死海外。留學生活一天天過去，期間我什麼也沒多想，就這樣終於有一天我開始具體思考畢業後的生活。後來聽說韓國有部分高中開始嘗試各種新型教育模式，一時也想過要不要回韓國到高中任教。出國留學前，在學校裡我從來不是一個溫順的人；出國留學後，也肆無忌憚地吐露對韓國學術界環境和老一輩學者們的不滿，其結果就是為自己樹立了相當多的敵人，就算回國，大概也很難順利找到工作。而且，我有個模糊的想法，覺得既然要做一個教育者，教國、高中學生應該會比教大學生更有意義。畢竟和大學生相比，國、高中學生的可塑性較強。

後來之所以放棄這個想法，是因為了解到在國、高中任教就沒有多餘時間進行研究。為了研究，如果沒有專門圖書館、研究室，以及可以全心投入的研究年，要進行研究工作絕非易事。總之，當我判斷在韓國很難找到稱心如意的工作後，就在即將畢業之際到美國大學打聽教職，幸好剛畢業就找到了工作。我覺得，就是因為有了這份履歷，我才得以不靠關係就能進入韓國大學系所工作。畢竟美國大學的教授履歷，在當時可是比現在還罕見的。

到了真正要回韓國時，最捨不得的就是美國大學的研究年制度。我任教的大學雖然非常重視學生的教育，但正教授每過三年就可以使用為期一年的研究年。在如此良好的研究年制度基礎上，隱含著「教育要圓滿，先要扎實做好研究」的考量。反正我沒想在美國生活一輩子，也只能將這麼好的研究年條件拋在腦後，就此踏上回國之路。

很多人都羨慕教授們享有研究年，只要過了一定時間就能休息一年，多好啊！其他被繁重業務所苦的韓國上班族會這麼想，我完全能夠理解。但是，研究年可不是玩樂年，而是讓教授暫時從教育和行政業務中解放出來，專心進行研究的一種制度。如果考慮到這樣的基本宗旨，反而應該鼓勵教授的研究年制度。不僅如此，其他許多行業也有必要引進研究年的制度。

但是，制度總是存在被濫用的隱患。不知是否因為我留學的學校在韓國廣為人知，所以留學期間每年都有不少韓國教授到此度過研究年。當然，他們之中也有依照研究年原本宗旨操作的人，努力蒐集資料，致力於研究，與海外學者進行交流之後回國。但是把大部分時間花在飲酒作樂、打高爾夫和旅遊上的教授也不在少數。看著他們那副德行，我心中的不滿油然而生，這些人難道是為了盡情玩樂，為了給子女提供早期英語教育的機會，才大老遠跑到這個地方來嗎？

可笑的事情還不止如此！有些中堅教授會憤怒地抱怨：「我好歹在韓國也是大型學會的會長，待遇怎麼這麼馬虎！」哎呀，難道你是為了享受那優渥待遇，才來到異國他鄉的嗎？而且，所謂學者的待遇，看的不該是學會的職務，而是要看這位學者的學識才對。也有些教授不去參加當地留學生組織所舉辦的懇談會，而是將自己受邀到一流大學對外國人士演講的事，故意透露給韓國的報社知道。還有教授說是來度研究年，卻不事先學習當地所使用的語言，結果根本無法進行交流。身為學生，我當時甚至對這些教授公開表示不滿……現在回想起來，自己竟然還能在韓國找到工作，實在太神奇了。

終於回國了，但喜悅的心情也只是一時。韓國的大學裡也有著唯獨韓國大學才會造成的疲憊和痛苦。就這樣過了幾年之後，我終於迎來了人生中第一個研究年，可以將一整年的時間都用來研究。因為在西方生活了很長時間，想反過來體驗東洋圈的外國，所以我選擇到日本東京大學度過研究年。一抵達東京大學，我就查詢學校提供給外籍學者和當地一般居民交流的專案。早在學生時期，我就知道國外規模較大的大學裡都有辦理類似的交流專案。在美國留學時，我也曾參加過這樣的專案，但由於忙於學業，沒能和學校介紹的當地一般居民經常見面。但我記得，我的夥伴會糾正我的英語發音，還帶我參觀了「五月花」號[1]遺址。

現在我成了韓國的教授，到東京大學來度過研究年，但我的心態與其說是訪問學者，不如說更接近於一個留學生。這次我想利用這個專案好好與當地居民交流，於是便物色了一位能一起閱讀一八六八年到一九一二年間日本明治時代文獻的人。終於，當我來到東京大學牽線介紹的地方，低眉順眼等在那裡的人，不僅擁有良好的基本教養，同時對閱讀古文獻特別感興趣，而且身材玲瓏有緻，是一位超級性感的大美女……才怪！在那裡等著我的，是一位腰都彎了的高齡男士，滿臉都是雀斑……不對，是黑斑，哎，該說是老人斑才對！

就這樣，我認識了八十多歲的薄木先生，他介紹自己畢業於東京大學經濟學系，之後就一直在石油公司任職。但是他的興趣十分廣泛，還擔任過俳句協會的會長。我和薄木先生一起讀了福澤諭吉[2]有關韓國的部分論述，過程中他一再問我「福澤諭吉所寫有關韓國的論文中，很多內容涉及誹謗韓國，沒關係

Károly Ferenczy, Man Sittings on a Log(1895)

嗎？」那個時代的表述方式就算查字典也很難理解，因此薄木先生給了我很大的幫助。就在我開始對閱讀政治論述感到厭煩之際，我們又一起閱讀了夏目漱石的小說。當我問他：「薄木先生，村上春樹和夏目漱石，您喜歡哪位？」時，他認真地回答：「我喜歡夏目漱石，兩人的層次不同」。

夏目漱石的《草枕》，一開始就這麼寫著：「走在山路上，我這麼想著。太講理容易與人衝突，太講情容易隨波逐流，太固執容易心胸狹隘。總之，人世安居大不易。」[3]人世安居竟然如此不容易嗎？《草枕》的開頭部分，莫名讓我想起但丁《神曲》的開頭：

> 人生旅程的半途上，我發現自己迷了路，站在黑暗的森林裡。那充滿艱難、險阻、滅絕人性的森林，我難以開口形容。每當想起就是一陣顫慄，死亡也比那好得多……

所以我問八十多歲的薄木先生：「活著不是一件好事嗎？」薄木先生回答：「也有好的時候。」

註解

1 一六二〇年，從英國運送清教徒開拓者前往現在位於麻州普利茅斯殖民地的客船。
2 福澤諭吉（1835-1901），日本近代重要啟蒙思想家、教育家，影響明治維新運動甚鉅。
3 本段根據韓文翻譯。日文譯者劉子倩的翻譯是「過於理智會與人起衝突，感情用事則無法控制自我，堅持己見易鑽牛角尖。總之人世難以安居。」（大牌出版）。

第三部

學習的基礎

提問和脈絡

當各種經驗和想法積沙成塔時，塔內就會產生一定的化學作用，又多出了各種具體的胡思亂想。為了更進一步將乍看之下互不相關的想法和經驗連結起來，就需要有「勇氣」。

想學習卻下不了決心

學習和積極性

因為從事教學工作，所以常常會重複被問到一些問題，譬如「現在的學生和過去的學生有很大的不同嗎？有哪些方面不一樣？」等等。雖然只是一種模糊的印象，但包括我在內的不少老師都覺得，現在的學生變得越來越被動。他們似乎急於完成指定的課題，拿了學分之後就趕緊進入下一階段。而且像是盡量保持被動，只要能拿到學分走人就行。還有似乎只打算安靜地坐在那裡聽別人說就好，從沒想過要積極闡述自己的想法。這種感覺不只是教必修課程會有，就算是教選修課程時，也是一樣。考慮到求職日益困難的嚴酷現實，這種心態的盛行也沒什麼好驚訝的。但是，如果一直把自己定位成受害者或弱者，就很難有積極主動的態度。

覺得學生越來越被動這種感覺本身，或許是一種誤解，被動的學生大多不願意坐在前面，找位置時會盡量想遠離授課者，這種現象在老師們身上也能發現。不知道是不是學生時代的習慣，沒有兼任行政職的普通教授們開會時，也會盡量坐在遠離校長的位置。外界講座的聽眾也一樣，除了粉絲團見面會之外，罕見自前排開始就座的情況。

面對被動的聽眾說話，講者會有一股極端孤獨的感覺襲上心頭——拜託給點反應行嗎？你們沒反應，我就會隨便亂講，也會變得消極被動呀！——可惜我沒法這麼做。雖說學生的態度是「反正都繳了學費，不得不去上課，拿到學分畢業就行」，但老師卻不能抱持同樣心態。如果老師的授課心態是「反正每個月都能領到薪水，隨便教教，拿到薪水就行」，學校沒多久就會倒閉。

消極或被動的態度也有可能是深思熟慮的一個面向。也就是說，與其冒然公開陳述自己尚未成熟的主張，不如冷靜地傾聽他人意見。然而，在學習上，和頭腦與體力同樣重要的，是學習的積極性或自發性。同樣付出了努力，但自發性和非自發性學習者之間，還是存在很大的差別。一個不習慣積極闡述自己主張的人，不大可能突然有一天變得口齒伶俐地表達自己的意見。或許沒有吃了不變胖的體質，卻真的是有學了不長知識的腦子，缺乏自發性的人就是如此，囫圇吞棗塞進再多的知識，也沒在腦子裡留下多少，然後就流走了。

具有自發性且擅於激勵自我的人，面對再難的事情也能輕鬆完成。只要是自願做的事，就算跑一趟白頭山[1]大幹一場也沒問題，麻煩的拌野菜也算不了什麼。即使被強迫，只要有適當的動機，就算是從沒想過的攀登喜馬拉雅山或從事百日祈禱這類的事，也能順利完成。相反的，如果是被強迫的情況，就算是原本想做的事情也會變得不願意做。哪怕重量相同，夏天夜晚舉起的啤酒杯，絕對會比冬日清晨被迫舉起的啞鈴感覺更輕，原因就在這裡。

其實，學習的樂趣也不亞於喝啤酒。只要上了一定的軌道之後，學習的每分每秒都很快樂，有了這等快樂，哪還有不積極學習的道理？尤其是不帶目的的學習，才是最快樂的。帶有特定目的或用處的學習、為了取得學分的學習、為了考取資格証的學習、為了賺錢的學習，通常都不怎麼有趣。不去以就業為目標的專門研究所就讀，而去普通研究所的學生當中，有相當多的人就是因為迷上了那種無目的學習所帶來的樂趣。我就碰過愛上學習的「每分每秒」，才來讀研究所的學生。

但越是深奧的學習，在能感受快樂之前，就越需要艱苦的訓練時間。如果在訓練結束前放棄學習，就無法充分享受學習帶來的樂趣。奧運會馬拉松金牌得主黃永祚就說過：「比起在比賽途中放棄的想法，在出發前就想放棄的念頭更強烈。」一旦學習上了軌道，一切就會順勢而為。所以，最困難的不是學習的過程，而是下定決心刻苦學習，艱難的學習通常都需要有斷然的決心。

如果你很難找到動機自我激勵的話，就要有一套自動生成動機的機制。假設無法靠自發性的動機養成讀書習慣，可以組織讀書會，營造不得不讀書的環境，這也是一種方法。拿學習來打賭如何？不讀書就罰錢，再把罰款湊一湊買禮物送給自己最討厭的老師，怎麼樣？因為不想送禮，就會變得認真學習。

如果自己下定決心學習這麼困難的話，那不如讓老師來鼓勵學生下決心吧！最常用到的方法就是稱讚。不是說稱讚能使鯨魚跳舞嗎？雖然人類不是鯨魚，但受到稱讚還是會很開心的，說不定一開心就會更加努力學習。不過，稱讚和批評必須同時進行才有效果。濫用稱讚，就會失去稱讚的意義。就像不能相信什麼都說好吃的人推薦的美食餐廳一樣，隨口稱讚的老師給的評價也不可信賴。

若要讓稱讚聽起來真的像回事，平時就要充分地批評。在哈佛大學教授政治思想史的哈維．曼斯菲爾德（Harvey C. Mansfield）教授曾表示，當前學分膨脹（credit inflation）現象非常嚴重，所以他同時給了學生正式和非正式的學分，因此一度成為話題。這個 A 學分是因學分膨脹不得不給的學分，這個 B 學分才是學生該拿到的真正學分！

Carl Spitzweg, The Bookworm(1850)

曾經碰到一個學生遲遲畢不了業，於是我就鼓勵他說，只要學位論文通過，我就在校園裡懸掛布條慶祝。「了不起！金○○，終於畢業了！——無比痛快的指導教授」，如果你像這樣用紅色粗體字寫在布條上，掛在學校正門和校園各處的話，來參加畢業典禮的學生家長和這位學生該有多心滿意足，多感動呀！感動之餘，畢業後也會積極過好社會生活吧。可惜畢業季的時候我剛好到海外出差，這個充滿雄心的計畫只好胎死腹中。

既然情況如此，現在的老師就不能只是擔任一個（無聊的）知識傳播者，還得負責鼓勵和啟發創意。這可不容易！為了鼓勵與激發對方的靈感，不僅要學富五車，還要有豐富的情感和想像力……也許連外貌都得保養得宜才行。有個都市傳說提到，老師長得好看，學生才會好好學習。甚至也有校園傳說這麼說，講師長得好看或外表端莊，再無聊的內容也聽得進去。所以首先一定要好好洗澡，固定刮鬍子，不可以嘴巴開開流口水，也不能穿著登山服就來上課。不是有人說過嗎？再怎麼難吃的食物，只要和俊男美女或相貌出眾的人一起吃，就能吃出米其林餐廳的味道。說不定哪一天上課也會出現米其林指南，但不是「米」其林，而是以相貌來評分的，「美」其林一星、二星、三星……

註解

1 指韓半島由白頭山到智異山的山脈，被視為韓半島的脊梁。

只靠模範生姿態是不夠的

學習和創意性

先蒐集一堆市面上流傳的各種話題，然後添加這個社會許可範圍內的批判意識，再把多數人愛說的同理心當成肉燥或醬汁輕輕淋上去，附上對迫近的未來所提出的慎重建議。以上雖然無可挑剔，卻也無法留下深刻印象的語言和文字，我們可以要求——有點創意行嗎？

先羅列出目前情況下各種可能的選擇，再計算這些選擇所帶來的效益和成本之後，把結果展現在眾人面前。然而，當這所有選擇都無法解決我們面臨的問題時，我們可以要求——再多點創意行嗎？

「多點創意行嗎？」沒有比這句話更令人感到鬱悶了，到底具體要怎麼做？「長胖點！」怎麼長？多吃點就行。「該減肥了！」怎麼減？少吃點就行。「身材要結實！」怎麼做？多運動，多攝取蛋白質就行。「保持乾淨！」怎麼保持？洗得清潔溜溜就行。這些事情雖然困難，但該做什麼卻很明確。然而，「多點創意行嗎？」這到底要人家做什麼？怎麼做呀？難道有什麼藥丸吃了就能突然變得創意滿點嗎？如果在生活中遇到富有創意的人，我一定會悄悄詢問：「請問……您最近吃了什麼藥嗎？可以告訴我哪裡買得到……」。

減肥藥買得到，但提升創意的藥卻沒處買。創意不是吃藥或照章行事就能產生的。一般來說，創意是與生俱來的，但也不是完全沒有改善的方法。本身是科學家，同時也在科幻小說領域取得卓越成就的多產作家以撒．艾西莫夫，曾經寫過一篇文章名為〈關於創造力〉（On Creativity），他認為，想要獲得新的創意，就必須把看似不相關的兩個想法聯繫在一起。

值得注意的是，這裡提到的不是一個想法，而是兩個想法，也就是以複數的想法為前提。換句話說，只靠一個想法是無法創造新意的，必須同時思考幾種不同的想法。雜念較多的人，至少就具備了成為創意人才的基本條件。要是腦子裡原本就沒什麼想法的人，那麼就該想辦法擴充經驗。總要有個目標，人才會去思考，旅行或閱讀之所以有助於提高創意能力，原因就在於可以體驗新的事物。

一旦在自己感興趣的領域裡累積了一定程度的經驗之後，就必須將經驗對象擴大到新的領域。譬如一個人喜歡韓國，但因為他的經驗只限於韓國，對於韓國反而不見得知道得很全面。又譬如一個人喜歡寫文章，但如果他只是埋頭苦寫，也不見得就一定能寫出好文章。想了解韓國的人，也得了解東歐；想知道現代的人，也得知道中世紀；學習經濟學的人，也要學著讀詩。只要你不想被拘禁在名為「習慣」的監獄裡……

當各種經驗和想法積沙成塔時，塔內就會產生一定的化學作用，又多出了各種具體的胡思亂想。為了更進一步將乍看之下互不相關的想法和經驗連結起來，就需要有「勇氣」。

隨便在積習腐朽的領域裡找些文章和言語來讀看看吧。裡面說來說去，應該都是充斥著對當權者阿諛奉承的文章。當中隨處可見短識見解，缺乏知識上的勇氣，不敢涉足敏感地帶。如果是乍看之下充滿批判意味，卻只是老調重彈，如鸚鵡學舌般一再重複相同批評的話，也同樣算是缺乏勇氣的文章。

這樣的事情通常都是發生在對自己的存在感到不安，不知不覺便將精神寄託在當權者和傳統上的時期。當然，這種不安是有原因的。因為人們往往痛恨且嫉妒跨越傳統邊界的人；因為已經獲得滿足、停止追求的人，會選擇對始終不知滿足、不斷追求的人敬而遠之。但是，僅憑乖乖聽話、認真學習的模範生姿態，也只能停留在一個傳統的學者位置上，很難交出讓人耳目一新的作品。

當然，提起勇氣對任何人來說都是一件困難的事情，所以要從小事開始做起。如果自己的想法或文章沒有走向當初所計畫的結論時，千萬不要心生恐慌，說不定這就是一個訊號，代表自己的文章充滿新意。走上意料之外的路雖然危險，但也是一件很棒的事情。

此外，想要成為一個有創意的人，不只要有勇氣，還要有彈性。只有勇氣，沒有彈性的話，就很難大幅轉向，走上新的道路。精神也和肉體一樣需要伸展，比如過分專注於蒐集情報，久了之後就應該定期去尋找優質理論來刺激一下，讓精神上也能做點伸展運動。如果你目前上的課程，是將許多資料都套用在老舊模式裡的歷史課，就必須大膽地同時去上可以激發靈感的其他理論課。如果自己一直專注在理論的建構，為了蒐集新的情報，就必須走出自己所建構的理論框架。

年紀越大，人就越容易變得保守，原因在於凡事隨俗就能少消耗一些精力。全新的事情在各方面都需要消耗精神和肉體上的精力，因此為了減少精力的損耗，人就想盡量將許多事情化為習慣。若想從平素的習慣中跨越而出，就必須有比平時消耗量更充足的精力。

這需要時間、經濟、體力上的綽綽有餘，其中尤以時間為最。必須有多餘

Federico Zandomeneghi, Young Girl Reading a Book(1880s)

的時間，來思考多餘的想法，而當時看似多餘的想法，到了後來或許就會華麗變身為創意。把棉被夾在兩腿間滾來滾去的時候，就會有新的創意出現。放鬆心情泡在浴缸裡發呆的時候，就會有新的點子冒出來。

所謂的「綽綽有餘」並非是讓自己處於安逸的狀態，難得有多的餘裕，就應該出發去冒險。在太過安逸的環境裡待久了，思考新事物的力量也會隨之退化。根據研究大腦的學者介紹，海鞘漂浮在水中的幼蟲時期是擁有大腦的，但是到了成蟲階段在適當地點固定下來之後，就會吃掉自己的大腦。也就是說，現在安定下來了，漂流時期才用得上的器官，如今可以廢棄掉了。

我們不是海鞘，所以就應該盡量從事有趣的冒險。我們可以去上課業重卻能激盪腦力的課程，踏足雖然陌生卻充滿刺激的地方，拜訪雖然乖張卻創意十足的人物，置身在創意的磁場中。不過，可別忘了這是一場冒險，去的地方是險地。有益又有趣的課程，通常都伴隨著繁重的作業；新奇又令人讚嘆的環境，通常都危機四伏；創意十足的人，很多都有敏感古怪的性格。

不管怎樣，最後還是要找出自己的繆思女神。這世上存在著各式各樣的繆思，譬如看一眼就靈感泉湧的美之繆思；才華洋溢、妙語如珠，刺激對方感覺的幽默繆思；威脅別敬酒不吃吃罰酒，快點生出創意的恐怖繆思；以金錢力量鼓舞創意的金援繆思……

我的繆思是海怪，其實我一直在想關於海怪的事情，無論是在熱烈討論重要政策決議時、品嘗真正美味的甜點時、實現南北韓高峰會談的歷史性那一刻時、體檢抽血時，我都在心底的一角想著深海中的海怪，一隻可以改變這一切意義的巨型海怪。

找出精神的利斧

何謂讀書

為什麼要閱讀書籍？

有人讀書是為了逃離社會，法國史學家兼評論家艾米爾．法蓋（Emile Faguet）說：「閱讀的敵人就是人生，人生被嫉妒和競爭所動搖，也使我們遠離透過閱讀的自我反省。」因此，在這樣一個充斥著嫉妒和競爭的社會裡，多讀書才能逃離沙漠地獄。

書籍比其他媒體更需要讀者全心投入，一旦安靜地將全副精神集中在閱讀上，就會發現世界變得安靜下來，讀書的人也得到了真正的安寧。美國作家蘇珊・桑塔格（Susan Sontag）曾經說過：「對我而言，閱讀是娛樂、是休息、是慰藉，也是我小小的自戕。當我忍受不了這個世界時，我會拿起書蜷縮著身子躺著看書。書就是一艘小小的太空船，載我離開這個世界，忘記一切。」如果沉迷於這艘小小的太空船，不出去玩樂，一心只專注在閱讀上的話，就會被人批評不夠社交、太過投入自我。

閱讀未必是一種投入自我的行為，讀書不僅可以用來逃離社會，對逃避自我也同樣有用。為了集中精神閱讀，首先就必須脫離自我，進入書中世界。正因為如此，有些人就勸戒世人不要過度執著於讀書。中國思想家陸象山和王陽明都認為，過分執著於讀書，反而會失去真正的自我。日本思想家海保青陵[1]在《萬屋談》中提到「讀書的人是沉醉在書中的醉客」，讀書讓人醉，是因書而醉，而不是因已而醉。

書橫亙在社會和自我之間，可以為了逃離社會而沉迷書中，也可以為了逃離自我而讀書。不管怎樣，書給了人一種可以與世界溝通的語言。書的內容由語言構成，而語言又是由社會所共享，人們可以透過這種語言進行溝通。為了逃離社會而讀書，反而使得用於溝通的語言變得更豐富，這種悖論就存在於讀書這項行為中。

語言豐富了，即使不到社會上與人溝通，每一天也能過得像小小嘉年華會似的，把各式各樣的東西都放進腦子裡，這些東西就會自行碰撞、發酵，激盪出多采多姿的想像。「心動」和「心亂」有什麼關係？拉肚子是肛門在嗚咽嗎？就像建造一個英語度假村一樣，建造一個英語監獄的話，不知道家長們會不會爭先恐後地把子女送進監獄來。天天這樣東想西想，就算不出門，人生也不會枯燥乏味。若想讓知識和情報彼此相親相愛的話，首先就得多讀書。如果不暴露在大量的情報和刺激之下，就難以享受豐富的想像樂趣。

多讀不代表可以粗略地讀，小說家卡夫卡曾說過：「讀書是把利斧，可以破開我們內心冰凍的大海。」但粗讀，怎可能破得了冰？要想破冰，就得精讀。那麼，哪本書才是利斧呢？想知道答案就得在一定程度上盡量多讀。控球率要高才有進球的機會，長期閱讀各類書籍才能找到精神的利斧。

又要多讀，又要精讀，什麼時候才讀得完呀？難道要我在這短暫的人生裡，光讀書讀到死嗎？怎麼可能！生活中除了讀書之外，還要上班、洗碗、丟廚餘、發呆、聊八卦、忍耐著聽人瞎扯、抓抓癢等等，要做的事情多得很，沒那麼多時間可以用來精讀。所以就要快速地多讀之後，找出精讀的對象，然後再慢慢地讀。阿根廷小說家波赫士說過：「我最開心的事就是讀書。哦，還有比讀書更好的事情，就是反覆閱讀，因為已經讀過的關係，所以能讀得更深、更豐富。」

找出什麼內容需要精讀的方法之一，就是以自己存疑的問題為目標來閱讀，凡是能解答那個問題的文章，就是要精讀的部分。如果平時什麼疑問也沒有，又沒有鑑別的眼力來找出能夠回答問題的文章，那該怎麼辦？那就要向有鑑別能力的老師學習閱讀的方法。學校就是為了讓這種老師存在而建立的場所。如果你的學校像這樣的老師連一位都沒有，那最好離開這所學校。

精讀至少需要三種訓練：

第一，要能讀出作者沒有說出口的內容。作者們大多是「求關注者」[2]，越是無可救藥的求關注者，反而越不會輕易公開自己的故事。真正的求關注者不會暴露，而會隱藏，只求知音解心。為了發現以含糊其辭或含蓄暗示遮掩的真正訊息，讀者就必須對這本書投入更多的關注。就像「捉迷藏」遊戲的高手一樣，作者引誘讀者追蹤自己，渴求讀者的積極關注。請用你積極的詮釋，化我的模糊為清晰，化我的沉默為聲音。

第二，要學會重組支撐書籍內容的假設和前提。所有立論都有促使該立論存在的前提，若其前提不成立，立論中所包含的主張也隨之不成立。但因為明示前提的情況並不多，因此讀者在不知不覺中很容易誤會自己和作者擁有相同的前提。然而，不同時代的書往往具有不同的前提，不同文化圈的常識，也往往和自己的常識有所差別。每一個作者，也往往具有自己獨特的前提。

第三，要能夠進行批判性的解讀。如果只接觸到某一種主張，就很容易全盤贊同這項主張。為了做到批判性的解讀，就必須多方接觸對同一個問題競相提出的不同論調、主張。這麼做，才能知道至今一直奉為圭臬的主張，頂多只是有「一定道理」的看法罷了。作者精心將競相提出的不同主張全都擺在眼前的書並不多，讀者在閱讀過程中必須自行重組這些不同的主張，才能正確地判斷這些主張是否妥當。

假設我們透過這樣的多讀和精讀，成為一個優秀的讀書人，卻也不能保證會就此好事連連。人生總是充滿了大大小小的煩惱，有人老是欠錢不還、有人突然在廁所裡滑倒、馬桶無預警堵塞、上班途中蝗蟲遮天蔽日襲來。而最具決定性的煩惱，便是視力變差。

朝鮮王朝後期有個名叫俞晚柱的讀書人，以書讀得多而聞名於世。他在一七八四年六月十二日去拜訪一位住在京城（首爾）的李姓醫員，尋求他的建議。俞晚柱問：「如何能眼不昏不差，閱書累萬卷？」醫員告訴他四個方法，其中三個方法是蒸氣熏眼、紅色藥粉混合白乳點眼、少吃肉。這些方法在今日

Gerard Dou, Old Woman Reading a Book(1670-1675)

看來效果存疑，但最後一個方法就非常有說服力，醫員說：「不要讀書，多讀是傷害眼睛的主要原因。」[3]在今日看來，這個方法雖然無知到了極點，但若有人想一輩子保持眼睛健康，最好不要讀書，讀書有礙眼球健康。

註解———

1 かいほせいりょう（1755-1817），江戶時代後期的儒學者、經世思想家。

2 attention seeker，韓國新造語稱之為「關心種子」，簡稱「關種」。

3 此典故出於朝鮮後期俞晚柱的《欽英》一書，但原典中李姓老醫員只說了「廢書」，後面那句話應是作者自行添加。原文為「老人曰：每朝熱湯盥面，使煖薰浹眼，為第一方；用我赤屑藥，每夜少許，白乳點入眼，為第二方；廢書，為第三方；節肉食，為第四方。」

說說對整本書的看法

何謂書評

閱讀之後寫下關於那本書的文章，屬於廣義的書評。書評的基本功能是提高讀者對這本書的理解，那麼到底該怎麼寫書評呢？

首先，必須對書籍內容做適當的摘要，尤其是帶有新書介紹性質的書評。但是，面對像當今這個全世界書籍氾濫的時代，就需要有與書相關資訊的簡介和讀者評分，而書評就是發揮這種作用的最佳形式。如果是一篇介紹一本書的文章，就必須要概括這本書整體在講些什麼。當然，一本書裡的每個章節都有很多有趣的亮點，但整本書在說什麼？書評必須要能回答這個問題。當然，書裡也可能缺少足以回答這個問題的中心主旨，這樣的書雖然讓人懷疑是否有介紹的必要，但在此種情況下，書評也可以成為說明這本書為何落到如此地步的最佳介紹。

為了加深讀者的理解，不僅要有基本內容摘要，還要整理這本書的脈絡。脈絡可能有很多條，寫書評時，可以把這本書放在「涉及相同主題的各種書籍」這條脈絡裡，也可以「和同時期出版的其他書籍」一起構成一條脈絡，或者可以把這本新書「和作者的其他作品」一起連帶討論。從脈絡的構成上，就可以看出書評者的功力。以學術書籍為例，有時透過一篇同時論及好幾本書的書評，還能梳理出研究史來。

有深度的書評不僅只有內容介紹，還包含了正式的批評，好比糾正書中所提供情報的誤謬，或是指出該書主張的邏輯缺陷，還有揪住該書論點所默認的前提大作文章。不過，若只是一堆缺乏說服力的批判，只會讓書評者自己丟臉罷了。書評寫得像賀詞雖然也是個問題，但從頭到尾充斥不實批判的書評也很糟糕。除了單純的批判之外，也可以提出具創意性的質疑，以新的角度來審視該書。

最糟糕的書評之一，是純粹把書評當做自己故事的跳板。當然，書評裡終究會提到自己的故事，但在形式上是有規矩的，必須先詳細且忠實地評論過那本書之後，再順勢而為。如果只是急匆匆概括完書籍內容之後，就只想長篇大論自己故事的話，最好還是採用其他的文章形式。

有深度的書評，會因為篇幅而受限，因此有的編輯會乾脆決定讓特定書籍的書評占據足夠的版面，因此出現在該雜誌封面上的專題書評，通常會比一般書評要長得多。在我所收到的專題書評中，也有內容超過一萬六千個英文單字的文章，對單一書籍寫了這麼長的書評，代表對每個章節都進行了深度分析。

以上講述的是書評的一般特徵，接下來就要說說較為狹義的書評。狹義的書評與其他類型相似的體裁是有所區別的。

書評和讀後感不同。

讀完一本書之後把自己的「感受」寫出來，這是讀後感，不管感覺是什麼，這都是個人自己的事情。我覺得那本書很無聊，可是他覺得很有趣，那怎麼辦？各有各的人生，感覺當然不一樣。狹義的書評不會忽視這些主觀領域，但要從跨越主觀的客觀之處著手。而且書評和其他體裁的文章一樣，目的不是為了獨白，而是為了積極交流。

書評也不同於推薦文。

現在的推薦文大部分都是出版社為了宣傳而委託他人撰寫的文章。推薦文的目的在於，出版社想藉由比作者更知名或更有權威人士的聲音，來吸引讀者的關注。因此，推薦文就必須讓潛在讀者產生想閱讀此書的念頭，最簡單的方法就是稱讚這本書。但單純的稱讚打動不了讀者，事實上，過度稱讚很可能會讓潛在讀者心生防禦，就像老是碰上不實廣告的消費者那樣。至於那些因著推薦文而買書來看的人，最後也只能抱怨「哪有推薦文寫得那麼好？」。

書評更不同於出版評論。

出版評論通常是由熟知出版界整體現狀和趨勢的人執筆，不管怎樣，應該會寫得很好。但也因此，在評價某些學術書籍的價值時，出版評論家就不太合適。首先，發表在學術期刊上的書評作者和讀者都是學者，由於已經設定以相關領域的專家為讀者，因此會任意使用只有限定的人才能理解的用語。這裡是一個合法追求精英主義（？）和專業性的空間，學術期刊上發表的書評和一般論文的文風大同小異，是專家學者之間為了交流和累積正確知識所發展出來的文體。或許有學者會病態地堅持從原點重新出發，但如果自己學界的書評和反饋量不足的話，就應該自行活化，或乾脆逃之夭夭。如果學術書評不足，學術性的討論就很難有累積性的發展，這樣的學界也斷無前途可言。

一個擅於駕馭論文寫作的學者，他的文風未必是所有知識分子都能理解、並且產生共鳴的。同樣地，一個文風充滿魅力的人，也不能保證具有學識上的專業性。兼顧學術深度，同時文風也深具魅力的人，有另一種令他們歡呼叫好的書評類型。就英語圈來說，專門刊登這種書評的刊物有《倫敦書評》《紐約

Vincent Van Gogh, Madame Ginoux With Books(1888)

書評》等等。雖然不是每期都達標，但這些書評雜誌依然致力於刊登既有學術深度，文風也相當有魅力，可吸引整個知識階層的文章。

或許有人會說，內容好就行，文風好或不好有什麼關係？如果把自己的文章當成樂譜，或許不需什麼文風，但如果把自己的文章當成演奏，那文風就是必備條件。而且大多數音樂愛好者喜歡的是精采演奏的音樂，而非紙張樂譜。如果學識、批評、文風能好好結合起來，累積揉合成一篇美文的話，這個社會就真正具備了文藝共和國的面貌，這種書評也是一種對世界進行評論的好形式。書評和直接批評社會的不同點在於，因為是以書籍為媒介進行的批評，因此帶有後設（meta）的性格。透過後設的批評，社會批判才會變得更加立體。美國電影導演馬丁·史柯西斯就以這種文化為傲，特別製作了一部紀錄片《紐約書評：爭鳴五十年》（*The 50 Year Argument*），專門描述《紐約書評》的歷史和影響力。

在批評一本書的時候，必須牢記在心的是，書評的讀者不是只有那本書的作者而已。就算不願意和該書作者有任何形式的交流，但為了和廣義的讀者溝通，還是可以撰寫書評的。以文字所寫下的東西，或許會比人類的存在更長久。運氣好（或者不幸？）的話，連現在還沒出生的未來讀者都有可能讀到這些文章。

書評算是另一種形式的意見和批評，不僅對被評論的書籍，甚至對撰寫書評者都同樣具有重要意義。也就是說，書評除了評論書籍之外，也是書評者宣傳自己智力、魅力、愚蠢、偏見的大好機會

為自己製作一份索引

資料整理的工夫

不確定是國中，還是高中的時候，我記得有件事讓我感到很委屈（？）。當時，只要閒著無聊，我不去公園看沒事邋鞦韆的格紋衫美女[1]，也不去玩沙堆房子的遊戲，而是跑去逛舊書店。我常去的舊書店，就位在同學家附近長位洞[2]的「大東劇場」後面。這家戲院現在已經沒有了，但我之所以還記得戲院名稱，大概是因為這裡是我第一次看成人電影的地方吧。

當時的戲院系統和現在的影城系統不同，電影在首輪戲院上映完畢之後，就會有所謂「兩部齊映」的二輪戲院，同時放映兩部畫質較差的新片。大東劇

場就屬於這種兩部齊映的二輪戲院，當時上映的是一部武術片《鷹拳》（매권）（韓國電影導演柳承完曾經在一次訪談中憶起這部低成本的武術片，就是一個長得其醜無比的男演員出來猛耍雙節棍的電影。）和一部不記得片名的韓國成人電影。那部韓國成人電影中，其他的情節我都不記得了，只記得當時還很年輕的演員元美京和李瑩河在黃色炕油紙上滾來滾去的場景。

大東劇場後面的舊書店老闆，是一個戴著厚鏡片黑框眼鏡、頭髮花白的中年男子，他總是醉醺醺的。有一天我晃過去一看，就看到地上散落著一堆古漢文書。大概是兼收破爛的賣糖小販送來的吧。書本大多破爛不堪，零零碎碎的，幾乎沒幾本完好無缺的。我對這種古書很感興趣，就問這多少錢？老闆說，全部給你，算×××就好。我忘了×××到底是多少錢，只記得對於當時才國三或高一的我來說，要掏出那個金額的錢還是有點負擔。

於是我就想如果只從其中選購一兩本的話，應該會算便宜一點吧，便扒開那堆書，找出了一本完好無損的漢文書。這本書不是很久以前的書，應該是十九世紀中、後期出版的吧，沒有任何破損，完整無缺。我問：「我只要買這一本，多少錢？」喝了酒紅光滿面的中年老闆，打起精神接過我選的書，仔細看過之後說：「哎呀，你怎麼挑了這個，光這一本的價錢就超過剛才我說的價格數十倍。」然後那人就沒有把那本書賣給我，可惡！書名我不記得了，只記得那不是普通四書三經之類的書。

在那之後我仍然照常光顧舊書店，把零用錢存起來買一些看起來很有趣的書籍。還蒐集了各種雜誌，也有一本一本蒐集，最後湊成一整套的雜誌，像是《樹大根深》[3]和《文學與知性》季刊，這兩種雜誌都沒有影印本，只能找原本。儘管我很努力收藏書籍，但每次搬家總會發生書籍遺失的情況。而改變我收藏書籍習慣的決定性關鍵，就是我出國留學前，必須扔掉大量書籍，或分送給周圍的人，因此那時候收藏的書現在大部分都不在我手上。從那之後，我對書的購買欲也大大地降低，而且在名為留學的流浪生活中，也不容我安心地收藏書籍。

我留學的那所學校，以收藏東西方古文獻的規模聞名於世。留學初期，我也一度在圖書館裡幫忙整理韓國方面的古文獻。可能是出於感謝吧，一位圖書館的高層人士偷偷把我帶到角落裡說：「你辛苦了！這是一些沒有登記在圖書館目錄上的舊書，有你想要的書嗎？」真是天上掉下來的橫財！我眼睛發亮飛快地翻了翻書，然而真正寶貴的書已經被別人拿走了，剩下來的大部分都是很普通的書，多半是十九世紀末期或二十世紀初期出版的中國古籍「和刻本」[4]。

拿到博士學位以後，我在美國的一所女子大學任教，這所大學是在還沒有或罕有男女合校的時期，為了女性的高等教育而設立的學校。有一天學校圖書館的館員突然和我聯絡，說學校圖書館裡有一堆過去受贈的東亞古書，因為沒人整理一直被擱置著，問我能不能看一下。我過去一看，真的是一堆又古老又有趣的書。大家都知道，十九世紀後半有位名叫伊莎貝拉・博兒（Isabella Bird Bishop）的女士，在亞洲遊歷之後留下了諸如《朝鮮紀行》（*Korea and Her Neighbors*）等有趣的著作。然而，十九世紀後期，西方不知道有多少依

莎貝拉．博兒呀！她們把這本書連同其他書法繪畫作品一起捐贈給母校的老太太，年輕時也曾經輾轉往來中國、日本、韓國，覽盡各地風光，也收藏了不少古代字畫。然而，隨著時間的流逝，那位老太太和她的子孫並沒有把這些文物拿到像電視節目《名品珍品》（TV쇼 진품명품）之類的地方鑑價，或者當成傳家寶，而是捐贈給學校做為研究學習的材料。像這樣散逸在世界各地的古籍恐怕還有不少，當時我打算只要有時間就給古書加上適當的說明，分門別類地整理，但沒想到自己比預期更早返回韓國，這件工作只好半途而廢。

這段故事告訴我們，沒有經過整理和妥善安排的資料，只能算是被湮沒的資料罷了。偶爾有媒體報導發現了貴重的史料，但該史料的發現地點往往都是博物館或圖書館的收藏庫。因此光收藏是不夠的，如果沒有對收藏品進行適當地整理，那些資料算不上是真的被「發現」了。

同樣的，當一個人在學習的時候，把自己用得到的資料整理好，建立自己的資料庫，也是一件很重要的事情。不可能有一天坐在書桌前，需要的資料就會突然憑空出現，創意就會浮現腦中。或許完全依靠分析法的領域可以另當別論，但大部分的學習領域都必須養成平時蒐集相關資料，整理妥當以備不時之需的習慣。就算是已經備有目錄、整理好索引的資料，若想更有效地利用，還是要製作方便自己使用的目錄和索引。甚至在讀一本書的時候也一樣，即使書的末尾已經附上了索引，但最好還是邊讀邊製作一份自己專用的索引。

如今有很多資料不是以實體書，而是以檔案的型態存在。在過去的數十年間，網路上建構了許多優秀的資料庫，除了可以進行基本的檢索之外，還開發了可以做各種視覺化的數位研究法。即使如此，仍有必要累積實體資料，也需要有空間來保管所收藏的實體資料。買書，就意味著也得買藏書空間。若能將自己蒐集的實體資料進行整理和上架的話，就能有效地產生一種彷彿在注視著自己大腦的感覺。然而，並沒有太多的人能享有如此寬裕的空間上。

那麼，到底要收藏多少資料和書籍呢？有人因為不是立即需要就沒有購買相關書籍或延後購買時間，結果後來買不到了，因此陷入困境。有這種經驗的

Claude Monet, The Springtime Girl With Book(1872)

人就會強迫性地收藏資料，等到所收藏的資料大增之際（真的增加到不可思議的程度），又會發生什麼事呢？會發生又買了同一本書的事情。又買了一次的話還可以忍受，但因為資料沒有經過有效率的整理，結果同一本書買了三次的話，就會陷入深深的愧疚中。不只如此，明明是已經擁有的資料，要找的時候卻找不到，這種痛苦只有經歷過的人才能明白。

我曾經有一次決心去參觀老師家的藏書，就到他家拜訪。老師家有個特別的閱讀規定，看書中途想去上廁所的話，必須帶著書去。為什麼？因為放下書去上完廁所回來，就找不到了。

註解

1 指女學生穿的格紋制服。
2 首爾城北區一個較為老舊的社區。
3 這裡指的是一九七六年三月創刊，一九八〇年遭全斗煥政權強制停刊的綜合型雜誌。
4 日本所翻刻的漢籍。

骨盆可以歪，提問要正確

提問的方法

光靠羅列一堆沒有整理好的資料或冗長的描述，成就不了卓越的研究。就像膀胱裡即使充滿了液體，也無助於解渴一樣。資料再多，放錯位置的話，也無助於消解對知識的好奇。該怎麼做，才能讓成堆的資料找到自己的位置呢？如果那成堆的資料就是研究的答案的話，那麼該提出的問題是什麼？缺乏研究問題（research question）的項目，就像沒有舵手的船舶一樣，在所蒐集的資料和思緒的茫茫大海中束手無策地漂流，最後只能在隨便一個映入眼中的結論靠岸。這樣的研究，大概不會有人喜歡。好的研究，通常先有一個好的研究問題意識。

不只是研究者，讀者也需要提問。如果僅止於被動地彙整現有資料的話，或許記憶的膀胱會變大，卻無法消解知識之渴。若想消解知識之渴，擴大自己的知識層面，讀者也同樣要提出問題。第一個該提出的問題，不是「這本研究著作對我，或對這個民族、全人類有什麼用處」，而是「這本著作是否提出了很好的研究問題，也作出了回答」。因此，首先就要找出該著作的研究問題是什麼。

遺憾的是，市面上的研究著作不見得都有研究問題。有些著作就像動物為了保護自己不被天敵發現，把自己搞得索然無味一樣，也有不少研究本身連一個饒有興味的問題都沒有，無聊到了極點，因此搞得讀者失去閱讀的欲望。但是，讀者應該先假定該著作有研究問題，再像一個老練的去骨師傅一樣從肉中拔出骨頭來，抽取出隱藏在內容裡的研究問題。如果沒能找到該著作的研究問題，讀者在閱讀此書的時候，通常就會性急地按照自己的方便，而不是依據作者的意圖。

有時雖然問題看起來有模有樣，卻不是正規的研究問題。學術領域裡所說的研究問題，是指性質上透過研究可以回答的問題，譬如特定時代的政策與當時信念體系的關係等問題，大多是需要透過研究才能闡明的問題。但類似「誰愛骯髒糯米糕？」之類的問題就令人很傻眼，不知道要透過什麼樣的研究才能找出答案來。

研究問題並非只能以提問的形式存在，有時讀者也應當自行重組該著作的研究問題。因此就得問問，如果這本著作提供的是答案，那麼它要針對的問題是什麼？萬一再怎麼翻來覆去地看，也沒能找到研究問題，那怎麼辦？如果碰上一本完全缺乏研究問題，像麵糰一樣的著作，就只要將「為什麼作者沒有提出好問題的意圖或能力？」當成自己的研究問題，來閱讀這本著作就可以了。

不只在研究時需要提問，在討論時也需要提問。論文發表之後的提問討論時間，就是專門為這類問題所準備的。從提問討論時間裡所提出的問題好壞，就能反映出該研究小組的水準。為了提出高水準的問題，首先要用完整的句子表達出該問題。越是不負責任的人，就越會隨便說幾個單詞，希望對方能自行解讀。這樣的行為是把自己應該駕馭的理性，轉嫁到他人身上。不要支吾其詞地說：「這麼一來，邏輯上就有點……」，而要使用完整的句子說：「這麼一來，就會產生邏輯上的跳躍。」這樣才能避免一面觀察對方反應，一面隨意扭曲原本問題的情況發生。「這麼一來，邏輯上就有點……」（察覺對方似乎有要發火的徵兆）「……或許我們可以想像會有無法完全排除不得不跳躍的看法存在」等等。

然而，並非造出一個完整的句子，就一定能成為有水準的研究問題或討論問題。隨便排列一堆形同機器翻譯軟體所製造出來的句子，也是不可以的。「這屆學會在優美的地方，絕佳的場所舉行。發表有營養的精采演說，午餐的演說真偉大。同時場所也充滿活力，十分安靜，是都市的綠洲。」搞不懂這倒底在說些什麼。然而，令人驚訝的是，竟然有人像是聽懂似的回答說：「我們一起提出了高水準的問題，絕佳創意不時浮現在空中。您坐在那裡希望能喝點什麼，但您太火熱了，請別熱過了頭，離開吧。去希望渺茫到令人驚訝的地方，占據重要位置，發表風味絕美的主張。而且，那裡是巨大的、非常壯觀的新世界。」總之，至少在學術場合裡，就算骨盆歪了，話也要說得正確。

話說得正確，不代表就一定會是好的提問。因為有人說是提問，卻逕自發表了一場演說，好比突如其來以「難道非要看到宇宙，才知道自己的研究渺小如塵嗎？」為開頭，以四字成語結束的演說，這些都無法成為好的提問。就像從快脹破的精神膀胱裡迸射出來的尿一樣，開頭氣勢洶湧，結束虎頭蛇尾，這類演說很少帶出一個尖銳的提問。一席長篇大論下來，頂多在末尾提出一個「這項發表能給韓國社會帶來什麼樣的教訓？」之類軟趴趴的問題罷了。

這種精神上的「路邊撒尿」的特徵，就是熱衷於宣告自己的觀點和對方大相逕庭，卻忽略了和發表者尋求共識。在討論對現象的記述是否正確的場合裡，突然提出規範性（normative）的問題；或是在原訂要從歷史角度進行研討的場合裡，卻毫不顧及發表者的主旨，突兀地從哲學角度提出問題。這麼一來，就很難實現有建設性的學術性對話。就算站在與發表者完全相反的立場提出質疑或發表長篇大論，如果發表者只答一句「喔，這樣啊！」就沒再回應的話，整個討論也就是不了了之。若不想讓討論走向兩條平行線，就必須深入對方的論點中，譬如指出發表內容中所具有的內在矛盾，這麼一來，大部分發表者都會認真傾聽。

雖說深入對方論點的方式值得嘉許，但不代表要抓著太細節的問題不放。問得太細了，只針對大多數聽眾都不感興趣的部分提問的話，也是不具有建設性。與其寄望這種問題能讓整體討論熱烈起來，不如說這類提問大部分都是自曝其短罷了。雞毛蒜皮的問題，等到正式問答時間結束之後私下再問不就可以了。在正式問答時間裡，最好盡可能提出一些其他聽眾也感興趣的問題。這類問題不僅可以提醒聽眾，發表者的論點只是眾多相互競爭的論點之一，也會讓聽眾們重新考慮論點的整體格局。

Felipe Checa, Old Monk Reading(1880)

如果為研究、為討論而提問的事情如此之難，那也可以乾脆放棄提問，採取被動的觀望姿態。但在一個大家共聚一堂分享彼此想法的討論場合裡，只聽不說的態度就和搭車不買票的行為沒兩樣。別忘了，當前在眾人面前侃侃而談自己想法的人，也是鼓足了勇氣才站上講台的。一個小心翼翼的發表者，有時會覺得自己就像走鋼索的藝人，有時又會覺得自己像個賣藥的，在大誇對精力沒多少效果的蛇酒，甚至會覺得自己像個怪力乩童，正竭力抬高整個討論氣氛。無論是哪種情況，在那一刻他們只是渴求對方關注的孤獨者。你精心準備的提問，哪怕是片刻也好，都會減輕他們的孤單和尷尬。來吧，現在就輪到你提問了！

第四部

學習的深化

思考的精細化

討論的場所並不是為了確保多樣性、綜合各種不同意見、打造各樣喜好展示館的地方。討論的目的，與其說是為了無限制地確保多樣性，不如說是為了綜合各種不同意見，朝向更好的方向發展。想要做到這一點，就必須對喜好和妥當性有所區別。

投入有爭議餘地的領域

設定主題

如今以電影導演身分更為出名的美國演員克林・伊斯威特，年輕時期因出演電影《緊急追捕令》系列走紅。電影裡的主角骯髒哈利和其他的刑警不同，在逮捕罪犯時不惜使用過度的暴力。他特別喜歡擊倒體格壯碩的歹徒，「我喜歡塊頭大的傢伙，倒地時聲音很大」，說完沒多久歹徒就砰一聲發出巨響倒在地上，骯髒哈利低頭看著地上的壯碩身軀，感到心滿意足。

為了滿足這種快感，不少人都想找大到自己難以承受的主題來一決勝負。他們不是抱著展望韓國或人類未來的宏大論點，就是想提出推翻常識的大膽主張，譬如要證明「長得越好看的人越容易感冒」「五花肉吃得越多人會越瘦」等等。

打破人們視為理所當然的常識時所帶來的快感，和打趴沒多少勝算的大塊頭對手時所得到的痛快，是相同的。

然而，要證明宏偉主張或推翻常識，不是那麼簡單的事情。當你推翻了常識時，首先就很可能因為「與眾不同」這個理由而受到迫害。那人怎麼那麼愛出風頭？一向信奉常識的人們在自尊心受到傷害之餘，或許就會試圖在你的革新主張中灌水。「嗯，你的主張看起來很新穎，但從廣義上來看，與現有的主張沒什麼差別！」「太陽底下哪來新鮮事」等等說法就跑出來了，世上許多革新主張都曾經以這樣的方式遭到閹割。但如果你拿出確鑿的證據，成功地推翻了常識的話，歷史就會記住你。就像批判「天動說」，主張「地動說」的哥白尼和伽利略一樣。

革新主張並非只在以「嚴謹證明」為特徵的科學領域裡才有可能存在，莎士比亞《李爾王》中的私生子愛德蒙就說出了以下的話，顛覆了正室子女藐視私生子的觀念。他說：「私生子卑賤？私生子是在滿足熊熊燃燒的性欲之後自然誕生的存在，所以比起在枯燥無味的床上義務性懷胎生下的正室子女要強得多！」哇，這話說得好像有點道理！

然而，不是隨便什麼人都能成為哥白尼、伽利略或莎士比亞，如果有勇無謀地挑戰「身材壯碩」的常識，反而會被對方暴打一頓。常識的力量比想像中更強大，有的人因為習慣了某些事物，就認為那樣才是對的。如果沒能以經驗知識、邏輯訓練和敏捷的想像力好好武裝自己的話，在你打倒常識之前，就會先被常識打趴在地。

如果被這種落敗的恐懼壓倒，就會迴避大膽的挑戰，只敢對付身材矮小的對手。「我喜歡矮小的傢伙，這樣我贏的機率才大。」所以就捨棄大貓熊，專找小浣熊當格鬥對手。但是，這種結果可想而知的比賽，一點樂趣都沒有。譬如「雙槍到底是一支手槍還是兩支手槍？」「一碗炸醬麵裡是否真的裝了一碗分量的碳水化合物？」這類的研究真的能吸引人們的注意嗎？果真有研究的價值嗎？

不必為了理所當然、沒有爭議餘地的主張，撰寫論說文。無論是過於宏大或違背常識而無法驗證的荒唐主張，或者是太過常識性沒有重新闡明價值的主張，都不可取。學習的目的之一，就是在有爭議餘地（contestable）的領域裡，明確表達自己的立場，並且公開說服他人接受這個立場。那麼，什麼是有爭議餘地的主張呢？

韓國人通常稱之為「熱狗」的食物，指的是裹玉米粉糰油炸的「脆皮熱狗」。在美國，被稱為「熱狗」的食物，指的是「麵包夾香腸」，模樣類似三明治。正因為如此，就掀起了熱狗算不算一種三明治的爭議。信不信由你，經過長期爭議之後，美國熱狗和香腸協會提出了熱狗非三明治的正式分析報告。現在，我們也該為菜餡饅頭到底要算包子還是饅頭做一番爭議了。

鯨鯊是鯊魚還是鯨魚？從名稱來看就讓人搞不清楚，因此存在爭議的

Pablo Picasso, Woman in Corset Reading(1914)

餘地。你說名稱以「鯊」字結尾，當然應該是鯊魚，是嗎？鐵甲鯊[1]也是以「鯊」字結尾，卻不是鯊魚。專家們雖然將鯨鯊視為鯊魚，但鯨鯊是體型最大的魚類之一，應該被視為鯨魚。另外，如果是鯊魚的話，牙齒又太小，所以也有可能被認為不是鯊魚。如此一來，對鯨鯊就有了爭議的餘地。

類似的情況也實際發生在霸王龍身上。霸王龍擁有長達十四公尺的巨大身軀，動作敏捷，外加足以嚼碎任何對手的強勁牙齒，一度是地表最強的掠食者。長久以來，霸王龍被視為爬蟲類動物，但後來經過證明這是因為霸王龍長得太猙獰才產生的誤解。韓國成均館大學新素材工學系的元炳默教授就證明了比起爬蟲類，霸王龍更接近鳥類的事實。他使用數學模型巧妙地證明了自己的主張，相關論文（英文標題為「Tyrannosaurs as long-lived species」）就刊載在《自然科學》期刊上。只要沒有人提出具有說服力的反對意見，那麼從此以後霸王龍就會被當成鳥類始祖之類的動物。

以《龍貓》聲名大噪的吉卜力工作室出品的動畫《霍爾的移動城堡》中，

出現了可以實際移動的城堡。從那之後，網民們就對「霍爾的移動城堡」該算不動產，還是動產，展開爭論。你說這不過是網上的一場騷動罷了，但真是這樣嗎？畢業於建築系的日本藝術家坂口恭平就投入了韓幣約三十萬元（台幣約七千五百元）造了一個「移動式家屋」，並主張這就是一個新的國家，還拖著到處跑。坂口恭平以這種方式，挑戰許多人認為國家無法被強行移動的常識。

打開鋼琴頂蓋往裡看，可以看到琴槌會隨著鍵盤動作敲擊琴弦。那麼，從鋼琴有琴弦這點來看，它算是弦樂器嗎？還是從琴槌敲擊琴弦這點來看，算是打擊樂器？這也是一個具有爭議性的主題。於是，俄國傑出的音樂家謝爾蓋・普羅高菲夫（Sergei Prokofiev）就曾經將鋼琴當成打擊樂器。如果有人探討這類主題，就可以檢討樂器分類系統。

不只樂器分類系統如此，還可以檢討大學優劣的分類標準。現今所謂的好大學，一般指的是新生入學成績很高的大學，但該所大學對這些新生的成績卻毫無貢獻。真正好的大學，不該是「接收成績最好的學生」的大學，而應該是

「提升在校生實力最多」的大學才對。以這個原則重新評估大學優劣的話，現有的大學排名也有可能發生巨大變化。

提出的主張脫離了常識，卻極具說服力的人，相當有魅力。但是想要能夠提出具說服力的新主張，把大塊頭常識打趴在地，那麼經年累月的經驗知識、有條理的分析能力、活潑的想像力，三者缺一不可。

忽略了前述三個條件、只追求讓自己更有魅力的學者們，最容易掉落的陷阱，就是走上算命師的路。一旦落入陷阱，就會信口開河，以難辨真偽的模糊言語蠱惑世人。譬如說出以下的話：「韓國政治一直以來都無法擺脫混亂，其內在和外表不同，存在著脆弱的一角。今年，人民將迎來為大家重整如此混亂政局的政治新面孔。」這種話與其說是出自學者之口，不如說是算命師會講的話。算命先生會對深感不安跑去算命的人說：「你的內在和外表不同，存在著脆弱的一面。」哇，你怎麼知道？於是算命師又會接著說：「今年你將迎來貴人。」而一些喜歡隨口說出無從證明真偽的預言性發言的學者，有時還會獲得學術獎。——您所從事的研究非常「有用」，特此頒發給您獎狀和定額的「卦禮」（給占卜師的酬資）。

註解

1 即「鱘魚」（Acipensersinensis）。

沉醉於發言快感之前該思考的事

聽眾與讀者

「你想知道真相嗎？」有人在地鐵裡開始高聲叫喊，但乘客全都一副充耳不聞的樣子。人對於聲音，通常是吼得越大聲越想掩耳不聽，說得越小聲越是側耳傾聽。那些不管聽眾聽或不聽，非得把自己的話全部說出來的人，與其說是為了讓對方傾聽，更像是愛上了自己說話時所得到的快感。

如果希望自己的話不是四散在空中，而是能觸及聽眾和讀者的心，那麼就必須想想自己的聽眾是誰，說話和寫作都要以他們為目標。我對自己的聽眾感到好奇，因此每學期的第一堂課就會要求來上課的學生自我介紹，並詢問他們的選課動機。在知識上你所關注的是什麼？這門課不是必修課，為什麼你會特意來上課？答案五花八門——「我本來就對政治思想很有興趣。」「同學推薦的！」「上課時間剛好湊得上。」「我想知道東方和西方有什麼不同。」等等。這些都算是預期中的答案，但聽聽這個——「我想知道老師是不是真的長得和全道嫣[1]很像。」嗄？還有這個——「以前有個我單戀的學長，我曾經向他表白，但他沒有接受我的心意。到最後，他只留下一句『去上上金英敏教授的課』，就畢業了。雖然我現在有交往的對象，正在談戀愛，但似乎只有上了金英敏教授的課之後，才能完全忘掉之前的那段情，所以我就申請了這門課。」這算什麼？果然聽眾和讀者的心思都是既神祕又難以捉摸。

　　雖然無法完全理解學生的煩惱和渴望，但是至少他們都是主動來上課的學生，跟這些各有動機的人交談，相對容易一些。比他們更難對付的，是拿不在意來武裝自己的聽眾。有次我到外校去授課，結果發現有部分聽眾在上課之前就已經在睡覺了。但我並未因此感到沮喪。既然已經在睡了，那就不是我的責任；他們原本就在睡覺了，不會因為我而重新陷入睡覺狀態。因此，我講的課想失敗還失敗不了，他們的不在意反而大大寬慰了我，讓我能放下負擔，輕鬆地講起課來。從那之後，每當我走上講台時，心裡總期盼某人「已經」在睡覺了。

然而，比已經在睡覺的這些人更難纏的對手，是鐵了心不好好聽講的聽眾，或以銳利的眼神閱讀內文，懷著惡意想從字裡行間挑毛病的讀者。不來就算了，既然來了，還有不好好聽講的聽眾嗎？當然有！有一次我受邀在某大學禮拜儀式[2]上演講，一位同樣畢業於教會學校的學生偷偷跟我說，很多學生根本不是信徒，卻為了要畢業，只好義務性參加禮拜儀式。他們會當是爭一口氣也好，而絕對不會注意聽講，還會認為自己是被半強迫拉來，要是認真聽講的話，就太沒面子，所以縱使聽到感興趣的話題，臉上也不會流露出專心傾聽的表情。

就算幸運地碰到主動積極的聽眾，但難關還是存在。只要不是粉絲見面

Albert Anker, Reading Devotions to Grandfather(1893)

會，大部分聽眾都想坐得離演講者遠一點。不只學生如此，教授也一樣。每逢學院召開教授會議的時候，前面幾排的座位通常都是空著的。有一次，我受邀到司法人員進修班上演講，令人驚訝的是，學員們竟然不分前後，平均分布在全場的座位上。我還在讚嘆司法人員果然不同凡響，坐在前排的一位聽眾這才告訴我，這次的司法人員進修班採取指定座位的方式，就算再怎麼不想坐在前排，也非坐不可。

為什麼聽眾明明是來聽演講的，卻還要盡量和演講者拉開距離呢？前排空蕩蕩的座位，難道是代表著安全距離嗎？是基於雖然想從演講者身上學到什麼，卻不願受到傷害的想法所採取的行為嗎？還是為了一旦情勢不妙可以抽身而退，出於戰略性考量所選的座位呢？不同於閱讀是為了保有自己獨處的空間，聽眾因為進入演講者的視線範圍，就會出現想藉由縮小身形來保護自己的傾向。幹麼要保護？難道演講者會開弓射人嗎？

大多數讀者或聽眾只想從演講者或作者那裡，再度確認自己想聽到的內容，或自己所支持的看法、平素所信奉的原則。反之，如果遇到過於陌生，或陌生之餘還毀了自己的信念，或自己難以理解的構想時，內心就會受到傷害。甚至當新的構想似乎會侵害到自己既得利益的時候，聽眾就有可能對發言者產生迫害之心。因此，發言者為了避免遭到迫害，也會巧妙地隱藏自己的反動思想。但是，如果有人甘冒風險想以自己的想法感動聽眾和讀者，就必須在他們所擁有的慣例中尋找缺口。然而，要是對當代慣例一無所知，或者是不懂當代慣用的語言遊戲，不僅很難讓聽眾理解自己的想法，也很難讓自己的反動思想潛伏人心。即使是為了將反動思想如地雷般埋藏在某處，也得先熟知當代的慣例和期待。

因此，演講者不要只想著說出自己腦中的東西，還要問問自己：這場演講結束時，聽眾離開會場之際，希望他們能裝進腦子裡的是什麼？身為作者的人也同樣應該問問自己：當讀者掩卷之際，期盼什麼能裝進他們的腦子裡？如果不想一個人在台上唱獨角戲，那麼在沉醉於發言快感之前，應該先考慮一下聽眾。他們的期待是什麼？他們的背景知識是什麼？他們的動機是什麼？為他們的想像力奠定基礎的傳統是什麼？當他們離開演講會場或是闔上書頁時，自己希望他們能留在腦海和心裡的是什麼？

這不代表一定要說些迎合聽眾期待和預測的言語，或寫些奉承讀者的文章，因為到頭來聽眾和讀者都是會按照自己的方式來理解。沒有哪個講者和作者可以完全控制自己的言語和文章被如何理解，但要記住的是，聽眾和讀者的反應，與其說是針對原來的言語和文章表態，不如說是更多地表明了他們自己的立場。就像無論是「惡評」或「好評」所表露出來的，與其說是關於原文本身，不如說是關於發「回帖」的那個人。

和必須在當下的時空表達的「言語」不同，「文章」不會被眼前的聽眾給拴住，作者也可以為未來的讀者，而不是現在的讀者寫作。如果交談的對象是未來的讀者，那麼可以斷定作者是不會有那種當下暢快「發言」的快感，自然也不會沉醉其中。但是也有作者並不希望自己的文章流傳千古，比如韓國詩人

韓龍雲的詩〈你的沉默〉（님의 침묵）就是為了不再被人閱讀而存在。「我沒想讓我的詩流傳到讀者的子孫輩，那時讀我的詩，或許就像坐在晚春的花叢裡，揉碎乾枯的菊花放在鼻端聞嗅一般。」當一篇文章包含了深沉的悲傷或黑暗的真相時，作者絕不會高聲詢問讀者是否想知道真相，有些訊息只能透過輕描淡寫的方式來傳達。

註解

1 전도연，一般譯作全度妍，韓國女演員。

2 韓國由基督教創辦的大學會以必修課程的方式，強迫學生每週固定參加校方舉行的宗教禮拜儀式。

計畫的特徵就是趕不上變化

研究計畫書的寫法

就像舉行婚禮前要先「提案」（propose），也就是和「求婚」一樣，企畫者也要先寫「提案」（proposal）。舉例來說，名為「研究者」的企畫人也會提出自己將如何研究、寫什麼論文的計畫，以尋求讀者對此的同意或認可。由於每個領域都有不同的慣例和期望，因此很難言明書寫提案的鐵律，但可以想想製作提案時該記住的幾個重點。

因為提案是一種企畫書，因此寫出來的文章不能比企畫最終完成的結果更鬆散或更不成熟。企畫書就要有企畫書應當具備的完整性，就算企畫還不夠成熟，但企畫書一定要成熟。因此在讀完提案之後，是可以批評：「這不過是『隨便寫寫』的企畫書罷了！」但若有人看了提案，竟說「這只是企畫書而已」，那就不用擔心了，因為提案本來就只是企畫書，講出這種評語的人不過是個腦袋不清楚的傢伙罷了。

雖然提案必須具備完整性，但並不意味今後的作業一定要按照內容所載的計畫進行。事實上，在執行提案的過程中，往往會遇上種種無法預期的情況，不得不修正計畫。執行提案內容，並不是給暴力犯穿上束縛衣，而是給工作安上方向舵。只要方向對了，就算過程勉勉強強，最終還是能抵達目的地，但如果方向錯了，時間一久只會離目的地越來越遠。

要檢驗工作的方向，就得先有工作。就像為了檢驗人生的方向，應該先有人生一樣。也就是說，提案不能在一無所有的狀態下做白日夢。所謂「提案」，是工作進行到一定程度之後才寫得出來的文章，也是確定之前工作是否順利進行而寫的內容。

求婚不也是一樣嗎？在關係毫無發展的情況下是無法求婚的，也不可能向還沒出生的人求婚。通常必須等雙方關係成熟，彼此間默認要攜手未來的情況下，求婚才會成功。但如果以為雙方已有默契，就疏忽了準備工作的話，求婚反而有可能葬送兩人之間的關係。至少求婚時究竟應該穿西裝，還是穿改良式韓服，最好能事先掌握清楚。

就以研究為例，研究工作不是在真空狀態下進行，而是在與相關研究者團體的關係中進行，因此必須事先了解對方。曾被輿論稱為天才的某位年輕研究者說過，他能拿到博士學位要感謝全體國民。但學位不是「國民」給的，左右研究成果的力量在於研究同仁，因此研究者首先要感謝的是研究同仁，而不是先感謝國民，不過這話也不是說一定要奉承研究同仁的意思。提案者在案子提出後所能得到的最佳反應是，相關研究人員認為，此研究一旦完成，該領域將會迎來不同於以往的新面貌。

若想激發出這樣的反應，就必須對所謂的「先行研究」進行檢討。自以為是大師的人常會擺出以下的姿態：「有一天我突然注意到這個問題，然後就開始研究」。但制度化的研究活動和深山裡獨自修行不同，在道士眼中，日升日落比學者同仁們的研究更有意思。但是在制度化的學術界裡，撰寫提案時要明確指出既有的相關學術論點和自己研究專題之間的關係。但這並不代表自己的研究專題就必須從學術界既有的論點「內」去汲取。有時候，自己的專題也有可能全盤顛覆既有的學術主張。即使是在這種情況，自己的專題和既有的學術論點也不是沒有「關係」，「顛覆」也是關係的一種型態。

若想明確釐清既有專題和自己專題之間的關係，就必須對相關領域的現狀進行理解和整理。在整理的過程中，自然而然就會導引出自己專題的地位。整理相關領域的現狀時，最要不得的就是雜亂無章的列舉。為了進行有效率的整理，應該先篩選討論對象，再一一陳述。但也不能拿避免凌亂列舉當藉口，排除相關的外文研究成果。無論哪個領域，缺乏閱讀外文研究論文的能力，絕不是一件值得驕傲的事情。

為了陳述相關領域的現況，就要有自己的看法，但這通常和自己所採取的方法論或資料有關。尤其是在試圖超越現有研究，有意採取不同的方法論或資料時，更為重要。對於方法論的討論，在一定程度上可能會跟研究史的討論重疊，但方法論的探討和現狀的探討卻不一定相同。說不定對科學化的方法論抱持反感的人會主張：「我是某天突然注意到這問題，我的方法論就是集中精神去思考。」

無論是在提出結婚提案（求婚），還是撰寫研究提案時，集中精神固然重要，卻不是方法的全部。到底往哪個方向，怎樣集中精神？無論採取什麼樣的做法，若要回答這個問題，就必須具體深入探討方法論的內容。要是沒有自己獨特的研究方法，就只能依循傳統，而無法自由發揮。對方法論少有探討的領域，往往都是缺乏失去了學術活力的領域。

在整理相關領域現狀的過程中，會碰上「這項專題對既有研究有什麼新貢獻？」的質問。可以利用新的資料透過不同的途徑得到相同的結論（進而鞏固既有論點），也可以利用相同的資料得到不同的結論，或利用新的資料得到不同的結論。而且，就算結論早已為人所知，但在陳述上可以更豐富，也可以補充新的例子。不管是哪種情況，都算是以不同方式來做出貢獻。如果是排除以審視相關領域現狀為目的而撰寫的論文，那麼內容就不能停留在單純的簡介、整理既有研究的工作上。

人們都會希望自己正在推動的專題，最終能對這個社會有所貢獻。但就研究而言，其「貢獻」不同於一般所說的「期待效果」。研究人員通常無法充分理解他們的研究能引起什麼社會效應，也無法控制相關的社會影響。如果有人說：「根據《東醫寶鑑》[1]的內容，這項對韓國社會的研究如果成功，這個社會的人就不再飢渴，國民的肌膚會變得光滑，青少年的憤怒會消融殆盡，還能加強寵物的消化功能。」那麼與其說他是研究者，倒不如說這傢伙是個騙子的機率更高些。

與其描述期待效果，不如明白表示倘若自己的研究是答案，那麼相對應的

Antonello da Messina, The Annunciation(c.1473-1474)

問題會是什麼。

隨著時代的不同，問題也會改變。中世紀時曾經出現「一根針尖上能容下多少天使跳舞？」之類的研究問題。某些時代、某些社會裡，女性吸菸也可以成為討論的主題，但現在就不再如此。從這點來看，研究者應該提出的專業問題，也多少和當代的潮流有些關係。

針對自己提出的問題而展開實際研究，最後得到的結論可能和原本的預期相距甚遠。天下沒有事事如意，這個宇宙是殘酷的，我們必須接受計畫的特徵就是趕不上變化。研究的企畫人員其尊嚴就在於，跟難以掌握的偶然賣力搏鬥。就如賭徒有其尊嚴一般，企畫者也有著向無法預測的未來奉獻自己人生的尊嚴。

對了，再強調一次，適當的標題絕對是超乎你想像的重要。擁有充足的情報蒐集能力之餘，若能再加上吸引讀者關注的敘述，必能錦上添花。但千萬不能誤導了讀者，就像前文所提到的，以拍攝嚴肅藝術電影聞名的導演奇士勞斯基，他的作品中有一部名為《雙面薇若妮卡》的電影，內容真摯，發人深省。這部電影在韓國上映時，據說有許多中年觀眾看了電影名稱以為是色情電影，紛紛湧到電影院觀看，結果大失所望。

註解

1 十七世紀朝鮮王朝宣祖御醫許浚所編撰的一部漢文醫書，在韓國醫學史上的地位等同於明代李時珍的《本草綱目》。

越知道自己要什麼，就越懂得節制

有關文風

本人終於下定決心不再擔任證婚人，主要是像我這樣拙於日常生活事的人公開站台祝福年輕人，不管怎麼說都是一件不自量力的事情。而且，如果要擔任證婚人，就得拿出平時不常穿的西裝來穿，為了做好這樣的準備，還得早早起床，這就違背了我一向最注重睡眠的生活哲學。儘管如此，為了感謝他們特意來拜託我擔任證婚人，我睡眠不足地做好準備，趕到結婚禮堂之後，又要面臨其他的問題。賓客們誤以為我是新郎，這種事情還不只一兩次，每次都得搖手澄清自己不是新郎，而是證婚人，真的太累了！幸好還沒發生過有人把我誤認為新娘。

典禮結束之後，我又得面臨另一個困境。大家都忙著拍照，剛才還在典禮上擔任重要角色的證婚人，此時就被眾人隱隱拋在腦後，在不知道自己該往哪裡去的情況下，只好快步離開禮堂。

然而，與撰寫賀詞的難度相比，這些困難都算不了什麼。賀詞為什麼難寫，主要是因為禮堂聽眾來自四面八方，很難知道到底該把焦點對準誰。年齡、學歷、性別、家鄉、人生觀、教育背景、血壓、血糖、脾氣等等各不相同的一大群人，為了祝賀新郎新娘齊聚一堂。給新郎新娘的祝福語，差不多都是固定的，就看以什麼風格，採用何種文風來表達。如果是舊式婚禮的話，就使用莊重的制式文風；如果是宗教集會場所的話，就使用宗教用語。但在稱之為現代韓國風格的結婚禮堂裡，由於沒有家譜可參照，無法了解兩人家庭的背景，所面臨的難題就是不得不重新發明符合此處風格的文風。

可是面對形形色色、來自不同階層的聽眾，該如何就陳腐的主題，說出吸引人注意的一番話呢？

如果一心想要好好表現一番，就會想使用絢爛華麗的文風或語法。「人類在一生中最常出現的匱乏感，就是孤獨。為了化解孤獨，新郎和新娘現在才會站在這個結婚禮堂上。」以這種方式鄭重致詞的話，搞不好聽眾會抗議說：「人類在一生中最常出現的匱乏感，不是孤獨，是飢餓。快點講完，吃飯去吧！」這麼一來，證婚人也只能無可奈何地結束致詞。「你真奇怪！一起走吧，去餵飽我們的胃腸！」「喔，燦爛的菜單呀，阻擾人節食的妨礙者！我說到做到，喜宴結束前，不吃完十一盤絕不離開！」

事實上，各種各樣的言詞和文章裡都自有其風格，不是只有純文學作品中才找得到。就如三音成韻一樣，連續的句子到達一定分量時，不論構成的是哪種文章，都會開始出現稱得上是文風的東西。甚至在夫妻吵架的語言裡，也存在獨特的文風。有的夫妻會用汙言穢語來責罵對方，有的夫妻在語言使用上則是較為典雅，例如：「因為你，我的人生沒一件好事發生！」「自從和你在一起，我就不再是我了！」更高明一點的，還可以引用《約伯記》裡的句子：「我厭棄性命，不願永活。你任憑我吧！因我的日子都是虛空。」（《約伯記》七章十六節）

夫妻吵架的語言都這樣了，更不用說公開的聲明了。我們很清楚北韓的外交聲明有其獨特的文風，比如「我們絕對、一定會用武器收拾美國老番顛！」等等。神話式的敘述就更不用說了，同樣是壇君神話[1]，如果以下列方式表述的話，就會傳達出截然不同的訊息：「愛上熊女的桓雄，眼神不再像來自天上之人。愛上桓雄的熊女，眼神也不再像一頭熊。」

因此一般人普遍認為，論文或論說文中文風不重要的看法，本身就有問題。論文或論說文也有其文風，論說文雖然是藉由邏輯、啟發性反思、經驗性證據等等來陳述自己主張的文章，但只要這篇文章的最終目的是為了說服他人，那麼就不能忽視說服力的問題。幸好假想的目標讀者，和結婚禮堂的聽眾相比，至少層次相當。

論說文的首要目標，是要注意盡量減少寫出不合乎文法的句子。文法可稱得上是論說文的基礎，要是這方面都反覆出錯，就會降低論說文整體的可信度。誰也不想走進一棟隨便搭建起來的違章建築裡參觀，這是人之常情。即使是在一個句子裡，如果沒有相呼應的主詞、述詞，或毫無緣由地找不到受詞之類組成句子的基本元素，讀者是不會期待這篇論說文能傳達出什麼好主張。避免寫出不合文法句子的最好方法，當然就是把文章交給一位能幹的編輯校對。但在得到編輯的協助之前，應該注意哪些問題呢？

首先要注意的是，不要為了想展現好文風，就濫用誇張的表達方式。在需要進行冷靜分析的情況下，不可以亂用一些拖泥帶水、充滿情緒性的措辭。當個人主張的邏輯性和明確性成為論說文一決勝負的主要關鍵時，這類措辭反而只會妨礙讀者對論旨的關注。比如一位想說明人類消化器官的學者，在敘述餓意或飢餓感時，只要使用「飢餓」「飢腸轆轆」之類簡單的表述即可，沒必要在敘述飢餓這種生理現象時，還加上「人類在一生中最常出現的匱乏感，就是飢餓」之類充滿裝飾性的華麗詞藻。

那麼，即使索然無味，只要合乎文法撰寫就是最好的方法嗎？

其實，就算沒有華麗的詞藻，只要句型正確，沒有錯別字，文章按照文法撰寫，那就謝天謝地了。只要能做到這一點，讀者就不會在閱讀過程中開始懷疑人生。

還有另一個目標，是撰寫時盡可能採用「解析度」[2]較高的句子。譬如在學術論文中，「相容」這個詞，就比「二者和諧融合」的解析度高。在了解表達方式的解析度方法中，也可以在腦子裡試著把表達方式譯成各種不同外語。

如果文法沒問題，而且組成的句子解析度也高，是不是就能說該論說文算是充分具備了好的文風？然而，人類的欲望永無止境，就像喝咖啡已經超越了攝取咖啡因的層次一樣，閱讀文章也超越了單純領受該文見解的目的，還想追求審美的體驗。當然，為了體現文章的審美性，首先屬於基本功的句子就要好。就像咖啡館即使裝潢獨特，咖啡師長相帥氣，但若使用了劣質咖啡豆，也

Antonello da Messina, St. Jerome in His Study(c.1474–1475)

煮不出好味道的咖啡一樣。

但也不能為了提高論說文的審美高度，就突發奇想或過分執著於使用華麗詞藻。這種欲望不是不存在，而是要懂得適可而止，化欲望為能量。不是那種明明沒本事寫出華美敘述，卻硬擠瞎湊的枯燥句子，而是明明有著飛揚文采，卻因論說文性質，自我節制了筆下文句，因此散發出的魅力。有些人沒能力發瘋，就過著安穩的生活；有些人不發瘋不痛快，所以總是處在發瘋狀態。然而上述兩種人永遠難以觸及的，是能瘋卻不瘋的人所具有的存在感。從修辭學上來說，隨時可以發瘋的人費心努力寫出平淡文句的姿態，就如同知道自己想要什麼的人，在力求節制下所醞釀出來的致命性氛圍一般。

而認為論文這種形式會局限自己發揮想法的人，乾脆就不採用論文的形式。事實上，沒有硬性規定學術討論只能在嚴格的論文格式中進行。以文筆優美聞名的思想家以撒．柏林[3]，向來喜歡寫的是散文，而不是論文。柏林比任何人都關心現實中不可避免的矛盾和可變性，但是對他來說，論文這種形式卻不為他所喜愛。他不是為了謀求退休後的保障必須汲汲於量產論文的二十一世紀大學教授，而是活在可以於文藝傳統中發揮文采的幸運人物。

註解

1 壇君是韓半島民間傳說中的始祖，也是山神，為壇君朝鮮的開國君主。根據韓國野史《三國遺事》的記載，壇君名為王儉，是帝釋桓因的庶子桓雄與熊女棲梧結合而生。

2 這裡的「解析度」是指對專業領域的人員來說，一看就能清楚明瞭的程度。

3 Isaiah Berlin（1909-1997），英國哲學家及觀念史學家，以其博學健談，捍衛自由主義的思想家。

不要對愚蠢的見解做出愚蠢的批判

批判的美德

在研究領域裡，很少有人是研究某主題的第一人，一般來說都已經有人針對該主題或與之相關的主題進行過研究。如果既有研究已足以令人滿意，就沒必要重新研究。因此若有人重新研究該主題，必然是他想修正或補充既有的研究。也因此，新的研究便帶有「批判性」。在學術論文中經常可見的研究史探討，就是為了這類批判所做的準備。沒有特殊理由就省略探討該領域研究史的論文，可算是沒有做功課。

批判不只是在文字上，在言語上也是必要的。如果某人的口頭發表完美無缺，那麼連聲稱讚，大放鞭炮就可以了。但因為現實中幾乎不存在完美無缺的發表，所以才需要批判性的研討。即使沒有嚴重的問題，也可以為未來的研究提出建言，或共同品評其廣泛的含意。論文發表結束後的提問時間，就是為這類批判性研討所準備的時段。沒有或粗略進行提問時間的發表會，更接近於作秀或社交場合，而非真正的討論場所。

在缺乏認真批評和討論的情況下，學術場所的墮落只是時間的問題罷了。如果在尊重元老的美名下、在接受各種意見的美名下、在鼓舞同行士氣的美名下，接受了有損學術嚴肅性的「美言」，該學術場所的最終下場可想而知。世上某個地方，必然曾有學術圈是因為一昧的讚美而走上滅亡之路。既然如此，與其無謂地讚美稱好，不如保持沉默算了，但這麼做也無法免除責任。在學術討論場合上，突然出現了發表「永久中立國宣言」的人，這種中立倘若是為了表露出某種知識上的「慎重性」，那還可以理解，但如果只是單純宣布中立而已，那就和「毫無興趣」或「一無所知」宣言沒兩樣了。除了只是宣布中立，而絲毫不做任何判斷，那麼與其說這人在宣布中立，不如說他在宣告知識的永無長進。

雖說批判是必要的，但是也不能因此就把粗口和批判混為一談。有時討厭一個人，不僅是他的主張，說不定連他的呼吸模樣都想批判一番。搞不好還會單純因為討厭對方，就不時進行人身攻擊，或像吠月之犬一樣，肆無忌憚地橫加批判。但是帶有攻擊性的評論和犀利的評論是不同的。若是在應該提出犀利評論之際，卻暴露出不必要的攻擊性，這就是一種不成熟的表現。該義憤填膺的地方另有其處，像是賣的甜點難吃透頂的咖啡館，或是遮光不良的電影院。在學術研討場合裡，情緒外露一點用都沒有，個人心情不佳和對方的主張錯誤，是完全不同的兩碼事。

既然如此，若想維持一個充滿活力的學術場合，無論是批判者或被批判者都必須具備一定的美德。

被批判者必須具備什麼樣的美德呢？首先需要擁有能忍受正當批判的精神

力。因為害怕受到批判，就把自己的「同夥」找來與會，擔當回應人，這是十分卑劣的行為。面對正當的批判時，千萬牢記，這不是在藐視自己，而是發自內心尊重自己的表現。如果因為發音接近，自己把「馬克斯」．韋伯（Max Weber）和卡爾．「馬克思」（Karl Marx）的主張搞混，或是把「奧地利」（Austria）和「澳洲」（Australia）混為一談的話，聽眾不會批判你，而是會默默地起身離開。這種沉默難道是對你的一種尊重嗎？輕視對手最常見的方法就是，因看不起對方而拱手認輸或保持沉默。只有尊重對手的人，才會針對對手論點好好批評。

當然，忍受批判不是一件容易的事。被人批判，誰都不會好受，也可能一不高興就不願接受那些評語。批判某個主張，與批判提出主張的人，是可以細分的，但有時也很難區別，因此也有可能會把正當的批判言詞，誤判為是對自己的人身攻擊。既然產生了對方討厭自己的想法，很可能會想跑去廁所大哭一場；而且要是真的接受了對方的批判，又會更覺得自己吃虧，很不甘心，甚至可能冒出一股就算蠻不講理，也要起身辯駁的衝動：「啊，真想把那段批判放進熱油裡炸！」「啊，真想對這樣的批判提起法律訴訟，要求賠償損失！」然而，比起處理自己的主張，像這樣處理批判的姿態，反而讓全天下人有機會見識你的平庸低劣。人生因缺陷而美好，這種事情只有在承認缺陷的情況下才有可能發生。

那麼，批判者又需要具備什麼樣的美德呢？

第一，應該針對對方主張的優點，而不是缺點，進行批判性的討論。不顧對方核心主張中的優點，只抓著對方暴露出來的缺點不放，把缺點看作是對方的「本質」。越是庸才，才越會抓著對方枝微末節的缺點不放。警匪劇中如果出現屍體的話，就該關注與屍體相關的劇情，不必留心觀察扮演屍體的演員是否真的一動都不動。如果對方的主張沒有任何優點怎麼辦？就像沒有人五官長得全都很醜一樣，也很少有主張是通篇錯誤連連。所以該做的是，用盡渾身解數找出對方主張的優點，並加以提及，不然就有可能被人誤會喜歡雞蛋裡挑骨

Juan Gris, Open Book(1925)

頭。萬一真的是在對方的主張裡找不到任何優點的話，那就只要稱讚對方竟然有勇氣公開發表如此一無是處的主張就行。

第二，批判不要過於冗長，尤其切忌端出自己平時的立場展開長篇大論。主角不是你的批判，而是對方的發表。特別是在時間有限的發表會上，說話最好簡明扼要，別讓人說「你的發言很長，想法卻很淺薄」。然而，也不能因為要把批判說得簡明扼要，就省略可能的替代方案。曾經有個名人這麼說過：「任何傻瓜都可能提出批評、責備和抱怨——大多數傻瓜也的確這樣做。」也就是說，最好盡可能提出有建設性的提議或方案。同時還要銘記在心的是，就算對方的主張有問題，也不代表自己的替代方案就一定妥當。對於愚蠢的主張，也可能出現更愚蠢的批判。而且，無論是檢討對方的主張，還是自己所提出的見解，最好都採取同樣嚴格的標準。

第三，不可濫用不必要的攻擊性發言。對工作的評價和對工作者的評價，最好有所區別。唯有如此，對方也才能區分建設性批判和人身攻擊的差別。沒必要因為對方主張的錯誤，就公然稱對方是垃圾。這個宇宙就已經夠殘忍了。居住在中國四川省瀘沽湖畔的摩梭人如果討厭一個人，就會把樹葉放在手掌上，意思是「你對我來說就像這片樹葉一樣輕」。從現在開始，如果論文發表會上的論文爛到難以形容的時候，我不會對他口出惡言，而是在對方手掌上放一片樹葉。如果沒有樹葉的話，那就放蘿蔔乾好了。

最後，即使自己的主張或批判沒能獲得正確的理解，也沒必要太傷心。活字印刷出來的主張，是世世代代宣傳聰明或愚蠢的最佳手段。總有一天會出現一個人能正確理解你的聰明或愚蠢。在那一天到來之前，就讀讀韓國詩人金宣哉的詩〈不是這裡的某個地方〉（여기가아닌어딘가）吧。

與單數相遇的單數成爲了複數
與單數分手的單數依然是單數
所以什麼也沒有失去／只有雲彩和昨日掠過。

主見的意義

討論的技巧

奠基於知性的討論並不容易，以尋找相對更好的答案為目標，盡量不說廢話，根據證據和理論與他人交換意見，藉此進一步發展，這種事絕無輕易之理。尤其是在應該閱讀討論方法的時期，要將為了應試死記硬背的學生們引導到討論的世界，沒這麼容易。那麼，該如何做才能實現奠基於知性的討論呢？

首先，要成為有主見的人。

所謂討論，就是和一群各有不同見解的人聚在一起。如果缺乏自己的見解，討論也根本沒法開始。「非得有自己的見解才行嗎？」「如果我是個萬事嫌煩的人，那怎麼辦？」「萬一是個不想擁有主見這類麻煩事的人呢？」真的如此嗎？凡是意識堅強的人，通常都想為自己的人生進行辯護，努力追求自我合理化。像電影《蝙蝠俠：黑暗騎士》中的惡人小丑那樣拒絕被歸屬成任何一種類型的人物，在現實中幾乎不存在。

然而，自我合理化並沒有想像中這麼簡單，因為必須超越個人喜好。「那個人一個月只洗一次澡，但我喜歡他。」和「那個人一個月只洗一次澡，但他很乾淨。」這兩種說法是不同的。你可以喜歡一個骯髒的人，但如果公開主張骯髒的人很乾淨，這就會讓許多人感到憤慨。就像喜歡醜男沒問題，但如果硬要指著醜男說是帥哥，大家一定會憤憤不平一樣。

討論的場所並不是為了確保多樣性、綜合各種不同意見、打造各樣喜好展示館的地方。討論的目的，與其說是為了無限制地確保多樣性，不如說是為了綜合各種不同意見，朝向更好的方向發展。想要做到這一點，就必須對喜好和妥當性有所區別。「屁話也是一種意見，也應該要好好愛惜？」「所有看法都一樣妥當？」這就跟「癌細胞也是生命，要好好愛惜」是一樣的意思。

因此，討論不同於以安慰為目標的對話。安慰的對話另有一套。

「最近老是頭痛，怎麼辦？」

「老是頭痛的話，應該去醫院看看吧？」

「去了醫院，發現是大病怎麼辦？」

如果是在學術討論場所的話，類似的對話就不合邏輯，小病是不會因為去了醫院就變成大病。因為擔心頭痛，所以去醫院，這就是一件妥當的事情，上述例子中的反問是不必要的。不過如果是日常安慰的場合，這樣的對話就充分可以理解。同樣的，既然只是日常安慰的場合，那麼認同對方的喜好也沒什麼不好。

但是在討論當中，就需要有超越個人喜好的公開見解。韓國詩人金素延曾經說過：「即使有一天我做了修改，我也盡力擁有自己的看法。」這種態度也是參與討論的人必須具備的。只有在超越喜好的自我合理化得到一定程度的妥當性，並且試圖說服對方的時候，才算建立了自己的見解。也就是說，所謂主見，就是在一定程度上批判他人。若要抱持批判的態度，就必須放棄成為像「黃喜政丞」[1]一樣，這也沒錯、那也對的人。如果有人提出異議表示「從三段論法的角度來看，這是不成立的」，那麼俗稱的「黃喜政丞」大概就會這麼說：「你為什麼凡事抱持否定的態度？」俗稱的「黃喜政丞」只會批判抱持批判態度的人。雖然沒有主見也不一定是錯的，但從只求「不出錯」這點來看，也就沒有發展的餘地了。

要有批判性的自我見解，不代表你必須以自我為中心，以下的對話就是一個例子。

甲：你認爲韓國歷史上最優秀的哲學家是誰？

乙：李舜臣將軍。[2]

甲：李舜臣將軍不是哲學家，是軍事將領！

乙：那你應該問我韓國歷史上最優秀的將領是誰才對呀！

這段對話中，乙的問題就在於他認為世界應該圍著自己轉。這樣的人很容易以為「對方當然和我有相同的前提」，他們不是適合討論的人。又因為覺得世上一切都圍著自己轉，所以這種人到了外國走進商店裡，也自然會不由分說地掏出自己國家的貨幣來付帳。

又好比以下這個例子：某人在地鐵裡調高手機音量，聽著防彈少年團的歌曲，鄰座乘客說：「請你用耳機聽，不要妨礙到別人。」如果這人生氣回應：「只要是韓國人，哪有會討厭防彈少年團的！」，那麼他就是把自己的想法當成一般韓國人的想法。當他發現很難以區區個人的喜好來強迫他人接受時，就會上升到所謂「韓國人共同特徵」的層次，來強迫對方接受自己的喜好。然而鄰座乘客的不同意見，就已經推翻了他的前提。

假設透過證據和邏輯，你最終將自己的喜好變成了公開的論點向對方陳述；或者假設一件一年難得發生一次的奇蹟真的發生了，這也不代表對方一定會接受你的主張。因為很多人在發現自己的見解錯誤後，往往會覺得很沒面子，一般反應都是難以百分百接受跟自己不同的意見，甚至會扭曲基本資料，為自己的見解強力辯護。

所謂透過討論的說服，只有在對方是個相當有彈性、想法開放的人時，才有可能存在。要對一個如同小豬撲滿般完全封閉的人再三說明，就像敷衍聽不懂的笑話一樣讓人厭煩。尤其是在把討論當成一種聚會交流活動，而不是認真交換意見的場合，要是突然冒出一個人發表嚴肅批判，必然會讓人很不高興，感到難堪。本來應該盡快結束討論，回到酒桌上聊聊天、開開玩笑，吹吹薩克斯風，享受交際時間，跑出這麼個嚴肅討論算哪門子事呀？

蘇漢臣，長春百子圖（十二世紀）

難道要互相美言，拐著彎說些試探的話嗎？還是要顧慮對方的面子，輕輕拍撫、哄哄他？如果你是個所謂母愛或父愛過剩的人，這麼做也無可厚非。但如果只是一般的普通人，不管對方能不能接受，首先該做的是，正確指出對方論述的問題點，這樣才是尊重對方的做法。在指出對方的問題點時，不是要你以爆粗口或帶著情緒痛罵對方的方式，而是要你用磨得銳利的論點，彬彬有禮地割下對方論點的肉，白刀子進紅刀子出。就算討論的對手因為愛面子硬撐到底，但旁觀討論的後輩當中，一定有人仔細盯著那刀子是從哪進，割了哪裡，由哪出來。有了這個旁觀的經驗，說不定他們未來會成就更好的討論。

萬一有種人是經過討論後發現自己見解有誤，卻因為面子問題，最後還是不願公開承認這個事實，那麼他該怎麼辦？其實，不懂就說不懂，有錯就承認的話，反而更痛快。但只有足夠成熟之人才懂得享受這種快感，可惜這樣的人為數不多。千萬不能因為自己是個不成熟的平庸之輩，就在討論會場上大聲說：「我反駁不了，但也不太愉快。」也千萬不要以「你最好別小看我」這種方式來自我辯解，或結結巴巴地變態求情。要真是有這種情況，倒不如乾脆就裝瘋賣傻，好比趁人不注意時，把自己的論文撕成碎片，像山羊一樣吃下去……通常情況下，碰到這樣瘋瘋癲癲的發言者，與會的討論者也會變得寬容起來。

註解

1 黃喜（1363-1452），高麗王朝末期到朝鮮王朝初期的宰相。有一則他的軼事講到，某天黃喜看到兩個婢女吵架，問起為何而吵？兩個婢女各自陳述對自己有利的理由，黃喜都點頭說：「嗯，妳說得沒錯！」他的夫人就問：「這也對，那也對，下面的人要怎麼判斷？」黃喜又點點頭說：「妳這麼說，好像也沒錯！」因此形容沒有主見的人就說是「黃喜政丞」。

2 李舜臣（1545-1598），朝鮮王朝著名將領，電影《鳴梁》就是描繪他率領水師於海上擊敗日本入侵的情景。

懶惰的主持人搞砸討論

主持的技巧

想打好籃球該怎麼做？攻守俱佳就行。

想討論得當該怎麼做？聽說俱佳就行。

一群懂得何時該有條理地開口說話、何時該傾聽對方說話的人之間所進行的討論，光是想像就覺得很愉快。但這只是一種理想狀況，現實的討論通常是一場混亂，因此就需要有主持人。

說是主持人，也大有不同。懶惰的主持人在介紹完討論者之後，就甩手什麼都不管，有時甚至打起瞌睡來。當然也有主持人什麼都不做，討論還是能馬馬虎虎進行得下去的情況。但這到底是「因為」主持人的無所作為，討論得以順利進行？還是「不顧」主持人的無所作為，討論得以順利進行呢？這值得深究一番。即使主持人什麼都不做，討論還是能順利進行的原因，在於與會的討論者具備了卓越的討論能力。

有些主持人會請討論者輪番說句話之後，就認為自己的任務結束，這其實也是一種偷懶的行為。這種方式的優點是可以讓討論者擁有平均的發言機會，但缺點是討論者與在場觀戰的聽眾無法產生聯手作戰的感覺。因提出有趣的質疑或話題而觸發的論戰，在透過豐富的論點交鋒、跌宕和調整，偶爾還因「機會女神」祝福，而獲致具體結論，這整個過程就是討論最精采迷人之處。如果省略掉這個過程，只是機械性地輪流發言說句話，是很難引出精采的討論。

主持人不可偷懶的另一個理由是，在有人漠視常理的情況下，如果沒有主持人維持秩序，討論會場有時會變得一團亂。我曾聽說過，有人為了向正在發言的對方表示輕蔑，突然在室內會場戴起墨鏡。現在說不定還會出現有人拿出具有降噪功能的耳機戴上，擺出不想聽對方發言的姿態。還有，假如一個完全不可愛的中年漢子使用過分可愛的表達方式，讓對方聽了想吐的情況又如何？試想一下，在討論中，一個名叫金英「敏」的中年男子以第三人稱來稱呼自己的情況：「小敏的疑惑由此開始」「小敏很珍視如下的想法」「小敏最後得到了這樣的結論」，如果這種措辭再三重複，聽眾可能會嘔聲連連地衝出會場，急著尋找空曠的地方吐。

還有一種導致討論無法進行的情況是，某個人單方面發言時間過長。有些人說話成癮，一開口就能講到天長地久，他們不出聲的時候，只是在為下次開口充電罷了，其餘時間大多都是在說話，所以主持人不能給這些人無止境說話的機會。就像不是音拉得長就是好歌手、食物分量多就是美食一樣，長篇大論也未必就是好意見。正如有些餐廳以量多來彌補難吃一樣，也可能有人為了掩飾自己意見的貧乏而喋喋不休。問題就在於，越是這樣的人，在主持人試圖介入時，就越容易生氣，甚至要主持人別打斷自己發言。

話多的人會希望聽的人能響應，然後繼續說下去，但很少有聽眾能心裡不樂意，還勉強同意的。或許聽眾這時最需要的，就是在心裡說話的能力。有些人小時候為了展現自己學會的辯論技巧，一點也不給對手任何說話的機會，自己滔滔不絕展開長篇大論。這種狀況就不要和他針鋒相對，只要默默在心裡消化憤怒就好，想想「能怎麼辦？」「不如把放在會場外的餅乾零食吃個痛快！」等等問題。如果不這麼做，說不定一不小心就會失去討論時該有的平常心和禮儀。

有違討論禮儀的代表性例子，就是身為年長者使用「半語」[1]。

在公開討論場合上滿嘴半語的人，內心潛台詞就是「我這個長輩在說話，你這個晚輩就得好好聽話」。在提倡平等的現代社會裡，表現出這種說話沒禮貌的行為，就別想指望能得到自己所期待的效果。人類都具有以自我為中心的傾向，本來就很難傾聽對方的想法。這時要是對方又藉由半語來強迫別人接受自己意見，就會引發反抗的心理，進而更不想聽。一旦不想聽，年長者或許就會產生「這小子太不像話！」的想法，這種姿態一端出來，年輕人看了通常只會覺得這人「年紀大有什麼用，該學的都沒學到……」。總歸一句，討論場上還是應該互相尊重。

沒禮貌的情況還不只滿嘴半語，還有突然冒出來的質問。

「吃早飯了嗎？」，突然聽到這句無關討論主題的問候，對方會感到莫名其妙，但也只能先回答了再說：「吃了，謝謝！」然後那個提問的人就像怕錯過了機會一樣，開口就如連珠炮般繼續攻擊：「提出這麼差勁的意見，你還吃得下早飯？」再不就是拋出以下的質疑：「你讀過這本書嗎？」「不，還沒讀過。」「連這本書都沒讀過，你怎麼好意思活著？」以這麼沒有禮貌的方式說話，讓人真想跳起來給他膝擊。這時主持人就得趕緊介入，免得真的打起來，因為聽眾是來旁觀討論，而不是來看摔角的。

有一個方法可以在事前避免這種情況發生，那就是主持人先制定好討論規則。尤其是不通常理的人越多，就越有必要徹底制定好規則。像是「互相使用

Edgar Degas, Dans les Coulisses(1883)

敬語」「個人發言時間不得超過五分鐘」「不得使用汙言穢語」「主持人給予發言機會時才發言」「禁止暴力行為」等等。就算已有規則在先，也不能保證對方一定會遵守。試想一下，去歐式自助餐廳，「自行取食」就是規則。如果想等人端來給你吃，那就該去別的餐廳，不要去自助餐廳。可是這世上一樣米養百樣人，說不定就有人在歐式自助餐廳裡，理直氣壯地向服務員提出無理的要求：「喂，服務員，給我拿點食物過來。」「不好意思，這裡是自助餐廳。」「我知道是自助餐廳，但我就是要你給我拿過來。哎呀，真是的！」這種人如果來到討論會場，即使已經規定必須得到主持人允許才能提問，他八成也會恣意地隨時發言提問吧。碰到這樣的情況，主持人在制定規則之外，還要有更積極的作為才行。

碰上這種混亂的局面，甚或更糟的情況時，需要主持人的積極介入，還有一種情況，就是討論者本身過於沉默寡言。這種情況也常常發生在大學研究所的課堂討論上，不少學生都不願意積極發表自己的意見，這可能和一走進教室就只想盡量坐後排是一樣的心理。但是討論時間不是性格展示會，在課堂討論上陳述意見，不該受到個人心理問題所局限，而應該想想自己對討論做出了什麼貢獻。互相腦力激盪、給對方更好的刺激，就是討論小組每個成員該做出的貢獻。不過，討厭發言的學生，不開口就是不開口，為了避免討論時間因為沉默變得尷尬，我設想了一個對策，那就是事先準備好酒心糖請同學們吃。因為有人跟我爆料，部分學生只有在課堂討論時才不說話，一旦上了酒桌，話比誰都多。今天，我又在商店裡轉來轉去，尋找酒精含量高的酒心糖，但願吃了酒心糖的學生會展開更熱烈的討論。

註解

1 韓語有尊卑之分，敬語就是尊稱語，半語就是卑稱語，用於上對下、同輩、長對幼的關係。但在公開場合應該一律用敬語。

掌握文本核心的分析式摘要

闡發題意的方法

在各種研討會中，參加者會進行所謂的「發題」。校內的課堂上如此，校外會議也是這樣。根據韓國國語辭典的解釋，「發題」是「闡發題意」的意思，是指「整理並提出討論的主題」或「整理和提出主題進行討論」。也就是說，在研討會上，有人要負責把當天的討論主題條理清晰地提出來。然而，在現實中，發題往往無法如辭典解釋的那樣落實。

課堂討論有其學習或討論的主題，也有與之相關的文本，討論往往是以文本為媒介來進行。在要求學生根據該文本發題時，最常見的現象就是，只針對文本做出簡單摘要就了事。但單純的摘要並不是發題，除非情況是所有成員都不理解他們拿到的文本，這時單純的摘要才可能有意義。然而，如果小組成員對要討論的文本內容幾乎都讀不懂，那就意味著他們還沒準備好進行課堂討論。反之，要是小組成員在一定程度上已做好了進行討論的準備，就代表他們每個人都能夠閱讀相關文本，並在腦中進行了某種水準以上的整理。如果達不到這個階段的話，就該事先好好準備，直到能達到這個階段再來上課。

當然，有些文本內容艱深，要做摘要不容易。現在，無論是學生還是一般人都有足夠的能力解讀英文文本，但過去並非如此。只要碰上外語文獻，常常就得勞師動眾。因此大家只要回想起過去的課堂討論，就感到苦不堪言。以前，如果老師發了二十頁左右的英文論文，就會由十個左右的學生各分兩頁回家翻譯、做摘要。然後再把所有譯稿集結起來整合成一篇文章，大家一起閱讀討論，這就是語言能力沒達到能一週讀一篇英文文章時的課堂討論光景。這裡只是以英文為例說明最常發生的情況，碰上其他外語也是如此。還有更極端的例子就是，課堂上要討論外國文學，學生們卻沒有足夠的外語能力來閱讀相關外語作品，那麼討論就根本不可能順利進行。這種事如果發生在現在，老師一定會建議學生，在參加課堂討論前先接受必要的外語閱讀訓練。

對於一些不是使用我們能立即理解的語言表述的資料，摘要就意味著（以我們較易理解的語言）重新表述大部分的內容。就算不是外語或文言文的文本，而是母語表述的文本，如果篇幅太長，內容太複雜的話，也需要有一定水準的摘要。事實上，就算是母語寫出的文章，也不見得就能完全理解。不過這種摘要並不需要按照文本內容順序機械化地條列出來，只要有助於參加者的理解，可以像分析推理小說那樣，嘗試透過重新排列的內容來重組文本。如果想做好重組的工作，不僅要清楚地理解文本的組成部分，還要有帶頭幫助討論者或讀者理解的慈悲心。

所以，發題所需要的，並不是簡單的內容摘要，而是必須能掌握文本的核心論點。

要想掌握核心論點，就必須有能力拆解、分析該論點其餘部分的作用，再重新組合。掌握了核心論點之後，接著辨別具體構成該論點的次級論點，觀察這些論點之間的關係，甚至連這些論點是否具有妥當依據，都一一考慮之後再製作摘要的話，那麼這份摘要就已經超越了一般普通的水準。發題所需要的摘要，不是普通的摘要，而是像這種分析式的摘要。

如果完成了一定水準以上的分析式摘要和重新表述，接著就該明確提供發題者自己的詮釋。當然，如果摘要是以自己的語言重新組合、適當加工，而非單純引用文本裡一段段內文拼湊而成，就應該有相當多發題者自己的詮釋包含在內。有時為了讓其他參與者能明確地理解，發題者可以單獨提供自己的詮釋。但是對讀過文本就能知道或同意的淺顯詮釋，沒必要特意另外附記。有單獨提供價值的詮釋，必須具有足以構成討論的爭議性。還有，凡是正常人都無法同意的荒誕話題也沒有必要提出。要是老愛再三重複荒誕的話題，等到討論結束之後，大家可能就會慢慢地避開你。創意性話題和荒誕話題不同，創意性話題會讓你成為研討會上的明星。

如果說「發題」的意思就是「整理並提出討論主題」的話，那麼這個解釋延伸下去到最後就應該是「發問」。「發問」往往帶著質疑的型態，但萬萬不可為了發問，就先丟出一番長篇大論的背景知識做為鋪墊（因為沒法指望參加研討的學者都是一樣的背景），應該以參加者都共同擁有的知識為基礎，來進行分析討論。若真有需要進一步的背景知識，也可以提議延期，等大家都掌握了該背景知識之後再舉行討論。若當天的研討會是某個系列延續一段時間下來的會議，就可以拿截至目前為止的討論或分享，做為參考體系或背景知識。

有鑑於研討會時間有限，提問不得為籠統性的大範圍問題：「生命的意義何在？」「我們該有一個什麼樣的人生？」「人類的未來是什麼？」「我也可以擁有希望嗎？」諸如此類的問題，不應該在研討會上提出。考慮到手上拿到的文本和時間限制，最好還是提出一個自己能掌控範圍的問題。在發問之前，應該先自問，這題目是否能在本次研討會的有限時間裡進行有效討論。

「哎唷，到底該怎樣將問題具體化？」「這種時候該怎麼做才好？」可以從簡單的「比較」踏出討論的第一步。很多時候，「比較」都能為思考提供線索。不過，千萬不要把參與者不了解的對象拿來進行比較。若有事先發給大家閱讀的文本時，可以根據其中特定章節來發問。有了特定章節當基礎，問題較容易具體化。

發問者不能單純提出問題就了事，最好還要提出自己暫定的回答或領悟。但也沒必要非得「先」提出自己的回答或領悟不可，順序可視討論情況來決定。在沒有另行安排主持人的情況下，通常都由發題者來結尾，有必要的話，可以趁此時機提出自己的看法。

發題大致由分析式摘要、詮釋、發問（與回答）來組成。在進行這一連串動作時，與會成員最好盡可能使用明確的辭彙和論調。曖昧模糊只適合藝術作品或絕世美女（或花美男），研討會上的普通人追求的是清楚明瞭。

Albert Anker, The Writing Lesson(1865)

擺脫課堂討論的悲劇

享受課堂討論的方法

社會科學家將多人共用有限資源時出現的資源惡化現象，稱為「公有財產的悲劇」。舉個例子來說，假設這裡有幾個牧童，各自擁有牲畜和私有草地，除此之外還有一塊任何人都可自由使用的一定面積公有草地，那麼會發生什麼事呢？牧童是讓自家牲畜先在自家私有草地上吃草？還是先在公有草地上吃草？如果是一個想將自己利益最大化的牧童，應該會讓自家牲畜先在公有草地上放牧吃草，然後再吃自家的，這樣才算獲利。因為如果先在自家私有草地放牧吃草之後，才把眼光轉向公有草地的話，此時其他牧童早已經讓他們的牲畜把公有草地上的草消耗掉大半了。因此牧童們都抱著先吃先贏的想法，爭相將自家牲畜帶到公有草地放牧，結果那塊公有草地化為一片焦土。因為大家認為眼前就有一個可以免費餵飽自家牲畜的機會，不用白不用，至於公有草地化為焦土後所產生的共同損失，到時候再說。

所有人都會想要「白吃白喝」，認為自己現在不這麼做的話，好處就會被後來的人吃掉。大家全都「白吃白喝」的結果是，那塊公有草地最後就成了一塊荒地，所有人都沒了好處。

如果把上述情況用來比喻課堂討論的話呢？什麼是課堂討論？

學校裡的教學型態有很多種，有一般的講課、一對一授課，還有研討會方式的課堂討論。因為各有各的優缺點，因此學校大多同時採用這三種授課方式。在這之中，課堂討論就有其獨特的優點。老師在台上講課，學生安靜地在下面聽講、寫筆記的授課方式，很容易讓學生的學習陷於被動。一對一的授課方式，則很難讓學生發展出與多數同儕一起你辯我駁的討論。因此教育專家們異口同聲表示，當適量的受教者齊聚一堂，透過研討會方式自行導引出結論的時候，學到的最多。

所以在藉由一般講課方式傳授了一定程度的知識之後，有必要透過研討會方式，進一步深化到目前為止被動學習到的知識。大多數引領大學教育的國外大學，如果一週上課三次的話，至少會進行一次課堂討論，研究所的話就更不用說了。在研究所的課堂討論上，即使學生向老師提出問題，老師大多不會當場回答，而是轉頭徵求參與課堂討論的其他成員發表對這個問題的看法。透過這樣的過程，引導學生之間你來我往地討論，最後得到或許比正確答案更好的回答。

在這種方式的課堂討論上，老師不再是把知識硬塞給學生的單向傳遞者，而是更接近於對學生們所發表的看法做出反應，並一起討論的同儕角色。參與課堂討論的人必須自行創造和掌握知識，這場討論盛宴有多豐富，端視各個參與者提出多有意義的見解，又對他人的見解給出多好的反饋。總而言之，就是課堂討論參與者全員都必須對討論做出貢獻。

一般的研討會就是像這樣一個熱烈的知識交流場合，先準備好一個能說服自己的理論，再用精練的語言表達這個理論來說服他人或被說服。當然，這只是研討會的理想罷了，實際上絕非如此簡單。有人把研討會當成相互美言的聚會場所，有人因為對方批評了自己的好友而勃然大怒，也有人說不過對方就問「你幾歲？」試圖以年紀壓人，有人引用了幾個沒頭沒腦的句子之後大喊「哈利路亞！」，有人藉討論之名卻淨說自己想說的話，有人只顧著找碴而不關心對方的論點，有人心驚膽戰怕被別人看扁（所以什麼話都不說），有人根本不在意被別人看扁（所以什麼話都敢說）。優質的研討會，真的是一次可遇不可求的經驗。

最糟的研討會，就是有一大堆不買票搭霸王車的人。站在個別參與者想將自己利益最大化的立場，可以想像以下的情況：如果所有人都認為自己不要發言，只要把別人的發言抄回去，就是用最少努力獲得最大利益的方法，那麼這個研討會上就只有想抄別人發言的人，並沒有想發言的人。也就是說，研討會本身被化為焦土。

如果將這種情況從個別的研討會擴大到整個學校生活呢？想像一下，一群只想搭霸王車的學生、教授、職員，會是如何？就算是缺點再多的學校，只要自己是學校的一員，就不應該主動做出在學校搭霸王車的行為。自己想從學校獲得什麼，就該在系統運作的過程中做到自己該盡的責任。學校不是自動販賣機，不是你投入學費之後，就能拿到一罐學習牌咖啡喝。老師有老師的、學生有學生的、職員有職員該扮演的角色，唯有各盡所能參與其中，這個學習的場所才能正常運轉。學校不是你需要時突然出現，任你予取予求的地方。

萬一學習場所因為搭霸王車的人太多而化為焦土的話，該怎麼做才能改善這個情況呢？有人說，可以請校長出面向學生、老師、職員們喊話，要大家不要只顧自己的利益，也要為共同利益著想，這辦法如何？

經濟學家曼瑟爾・奧爾森[1]曾經尖銳地批判過「只要有共同的利益，就會自發地產生共同的努力」這個看法。即使有可能存在集體利益，但人們也不會因此產生集體行動。只要感覺不到被排除在集體利益之外的威脅，就不會產生讓人主動為集體利益做出貢獻的誘因。換句話說，霸王車搭的次數多了，人們就會將這種行為合理化。

那究竟該怎麼辦才好呢？部分社會科學家認為，依靠自發性合作無法解決公有財產的悲劇。他們主張，具有強制力的政府應該積極介入。那麼在課堂討論上，老師是否該擔任類似強大的政府角色呢？是否可以大肆濫用強制力呢？例如：是否該正確計算每個學生在課堂討論上應該發言的時間和必須貢獻的程度？如果拒絕發言，就以學分或其他方法加以嚴厲制裁？是否該記錄並管理每個發言有多少深度？如果以這樣的方式進行，不僅會給老師帶來極沉重的負擔，而且很有可能會扭曲課堂討論「藉由與同儕討論來學習」的基本宗旨。

如果採用輪流說一句的方式呢？這種方法也有其局限性。以這樣機械性的方法，就很難體驗透過討論自然催化研討臻至成熟的過程。

Harrington Mann, Lesson Time(1908)

要不然乾脆放任不管？如果想藉由放任不管帶來好的結果，參與者就必須是一群被高度激發的優秀學生。然而，這個假設又有多少實現的可能性？

再不然，乾脆老師和學生一對一討論算了？如此一來，每個學生就得單獨配置一位老師，也會隨之產生鉅額的費用。

伊莉諾．歐斯壯[2]之類的政治經濟學家曾經強調，為了擺脫公有財產的悲劇，使用公有財產的當事者，應該直接參與公有財產的生產與供給過程，而在許多情況存在變數的考量下，必須好好規畫具體的制度。

同樣的，老師必須考量該學期的特殊情況，以達到學生能互相學習為目的，來具體規畫課堂討論——為了達到最佳的討論效果，參與學生的程度必須達到何種水準？考慮到討論的主題或特性，人數必須維持在多少的範圍內？同時還得考量要保留多少過去課堂討論的慣性等等，據此進行細部安排。最好讓學生經常保持在有備而來的狀態，同時也應該展開臨時性的討論，讓他們能夠消化沒有提前準備的即興構想。時時勉勵成員之間建立互惠關係，盡可能讓課堂討論的當事人之間互相協調出討論規則，對於違反規則時的制裁，最好也添加自律性。

註解

1 Mancur Olson（1932-1998），美國經濟學家和社會學家，探討公共財的「搭便車問題」便是他所提出的理論。

2 Elinor Ostrom（1933-2012），諾貝爾經濟學獎得主，是公共經濟學研究創始者之一。

第五部

學習的相關對話

如饑似渴地尋找學習的機會

學習的時刻也如愛情，在不意間到來

《中央SUNDAY》訪談／記者柳周賢（音譯）

什麼是學習？什麼是中秋節？這都是我們生平從未回答過的問題。學習就是單純為了考試拿高分，中秋節就是習慣要煎煎餅。但是自從首爾大學政治外交系教授金英敏突然提出「那不是學習吧？」「節日好好休息不是更好嗎？」的問題之後，也喚醒了我們沉睡已久的腦細胞。

在《中央SUNDAY》連載了一年七個多月的「什麼是學習」專欄中，他也提出了這個基本思路。「學習」這檔事，不是為了上大學而做，而是在大學裡要做的事情。這個專欄就是在討論上了大學之後該怎麼學？該學些什麼？

看了專欄之後，雖然不可能成績一下子突飛猛進，但金英敏教授對於讀書、討論、書寫等學習方法論充滿鏗鏘有力的建議，大大鍛鍊了我們「思考的肌肉」。專欄結束之後，我拜訪教授，請他分享一些未盡之言。

問：您探討「什麼是學習」的著作彷彿成了大學新鮮人的必讀書籍一樣，那麼您在大學時期都學了什麼？

答：我們這一代其實在大學沒怎麼學習[1]，所以回答起來有點尷尬，逛舊書店也多少算是學習吧。感覺我們那個時候不會專挑學分好拿的課程，而是會選擇授課內容好的課程去上。所謂好的課程不僅要有相當的資訊量，還要能教給我們看清資訊的眼光、視野和觀點。上大學是我們第一次自主選課，所以這種眼光非常重要。我上國、高中時期都參加了讀書會活動，也一直閱讀像「三中堂文庫」[2]之類的書籍，這些對我幫助很大。反過來說，為了擁有美好的大學生活，在國、高中時期培養這樣的求知感非常重要。

問：在以應試為主的國、高中教育課程中，這有可能實現嗎？例如：志向是考進醫學院、法學院的國、高中生，希望在認真學習之後，能成為電視劇裡所看到的了不起醫生、正義檢察官，他們又該學什麼好呢？

答：每一種職業雖然都存在理想的職業道德，但道德教育不是在學校裡就能學到的。見過教科書讀得好的人就成了道德高尚的人嗎？就像沒有人受完預官訓練回來就突然變成愛國者一樣，一個人的道德高尚與否，不是靠誰來灌輸就能形成的，而是必須自然而然地處在那種環境中。因為人總是在面對生活中某種意想不到的局面時，才會有所領悟。

問：在上一次的訪談（本刊二〇一九年二月二日號）中，您曾提到：「最近韓國的階級流動競爭，成了有錢人的遊戲，這是很大的問題。」後來隨著高層人士子女資歷（spec）互助風潮[3]的暴露，這個問題也浮上檯面。

答：有關道德問題的批判已經很多了，我就不再重複。反而是家長為了子女互相幫忙的方式很多，為什麼選擇資歷互助，這點頗耐人尋味。親友若有子女，知識也好、開車也好，想教的話，也有很多可以教的事。如果他們當初的辯解是「我想讓那家子女成為一個道德高尚的人」，那麼或許大家就不會那麼憤怒了（笑！）。我想說的是，除了資歷之外，可以互相幫忙的事情多得很。

—　。　—

金英敏教授於二〇一九年年底出版了針對《論語》所寫的隨筆散文《我們僅僅希望》一書，雖然內容是以東方古代經典為文本，卻不是滿篇古板的「孔子曰」。而是參考古代經典，以輕鬆的反諷來審視當代生活和世界上普遍的現象。在「省」這個篇章，描述了個人面對國家權力所應有態度，提醒身陷疫情的韓國人，比起國家的控制或監視，個人的自制和良心才是關鍵。

人都討厭受到拘束，但在疫情和戰爭這兩種情況下，人民卻不得不受制於國家的約束。國家會藉此機會擴張力量，但是根據學者的研究，從長遠來看，國家的這番努力最後還是會以失敗告終，因為強迫他人是有限度的。萬一這事態長期持續下去，就該盡早考慮除此之外，還能以何種方式來創造必要的生活型態。因為要使人動起來，從強制約束到道德意識、拿獎金當誘因之類的激勵，以及傾聽靈魂的共鳴等等，各種不同的要素全都需要。

問：韓國傳染病防治法的實施方式受到矚目，也有人認為這裡頭有侵犯人權的作為。您覺得這種法律之所以能在韓國實施，原因何在？

答：最近大多數的國民都表示，覺得韓國是個先進國家。去年此時，大家還在嚷著自己生活在「地獄朝鮮」中。雖然很難說短短一年的時間裡，韓國就已經成了真正的先進國家，然而，我個人認為，雖然情況危急，且因為是「地獄朝鮮」，才使得防疫工作相對成功。「地獄」不見得只有負面的意義，也帶有非常生猛、熱烈的語感。反而是看看那些先進國家，到處充斥著特有的倦怠和懶散。生活缺乏張力，辛苦的工作都外包給外籍移工去做，這不就是先進國家的現況嗎？正因為是即刻就能動員人民，人民也能充滿爆發力地應對的「地獄朝鮮」，才有可能做得到這樣的防疫成果。

問：前所未有的線上教學，您還適應嗎？

答：很難適應。但是這只是危機情況下的權宜之計罷了。倘若真的要進行線上影音教學，需要投入相當多的努力和資源，還要編寫劇本、進行外景拍攝，用這樣的投資來製作授課內容才行。對於視訊教學的效果，我個人也持保留的態度，因為學生不是只能透過課程內容的傳遞來學習的。事實上，書本就可以傳遞授課內容。到學校上課可以彼此交談，說說廢話，延伸出意圖之外的其他話題，透過這個過程能學習到更多。男女之間的戀愛也是在意想不到的時刻產生了愛意，而不是先有交往的打算，面對面交換身家情報之際，愛情才萌芽的。很多時候，學習的欲望也不是在老師單純傳遞原本備好的課程內容中產生，更多的是透過已經預料會有如此效果的教學方式，也就是教師所準備的教案[4]，學生們才產生了學習欲望，實現學習行為的。但是目前疫情的環境下，這個教案就變得很難進行。

問：看著幾個月不去上學的孩子們，不禁讓我思考「什麼是學校」？

答：「學校」這個環境本身很重要，進入校園就等於進入了一個與外面世界不同的領域。學習的過程中，從知識內容的傳遞所學到的東西，只是其中的一部分而已。在其餘空白部分所傳過來的東西，很有可能才是教育的核心。這也是學校建築或校園設計必須有所改變的原因。藉此機會，將校園改造為互動式空間如何？如果只是把孩子收容在建築裡的話，不就和策展人把閱聽者隨便塞進展廳裡的做法一樣嗎？

金英敏教授認為，不只是教育，藝術也是一樣。即使「不接觸」成了「新常態」（New normal），但表演、展示等傳統離線項目（offline contents）中，存在著無法以線上體驗取代的「空間魔法」。

德國哲學家華特·班雅明也說過，對藝術作品的直接體驗，意味深長、無可取代。走進美術館或表演廳，就像走進了「心靈培育箱」一樣，是為了特殊體驗所設計的虛幻空間。專為現代美術所設計的「白立方畫廊」（White Cube），讓觀眾從進門開始就不只是欣賞作品，還能體驗動線。這裡的展示方式設計成只要沿著動線前行，就能自然而然刺激想像，算是非常優秀的展示型態。如果參觀過首爾市立美術館的「你我的作品展」（모두의 소장품）[5]，就能明白這是什麼意思。畫著佛祖背影的屏風很有意思，再往下繼續看，可以看到一幅畫，畫了一扇拉上了窗簾的窗戶，瞬間讓觀眾感到「如果窗戶也有背

影，那就是拉上了窗簾的模樣」。這是在家以線上方式欣賞一幅幅作品時，絕對無法有的體驗。

金英敏教授一結束「什麼是學習」的連載之後，隨即在《中央日報》上開始連載「思想共和國」。此外，他還在各種不同的媒體上傾注大量的知識，不由讓人擔心他「哪還有時間學習」。對此，金教授說：「新冠疫情爆發之前，我就一直維持著社交距離。」[6]他還說：「這樣才有可能將人生的大部分時間用在閱讀和寫作上。其他人只要拉近和書的距離，一樣也能做到維持社交距離的生活方式。」

在回答為什麼會寫這麼多文章時，他說：「因為覺得需要有更多用韓語寫就的散文佳作。」他和好友們正計畫在一年內親自創辦一份高品質書評雜誌，同樣是「為了讓好的文章能大量流通」。他還說：「申論題考試出題時，專家一致認為『足以做為引文的韓語文章實在太少了』。這意思是說，適合學生閱讀，又能拿來出題的現代韓語散文太少了。因此，為了讓大家可以有更多的機會接觸好文章，我覺得有必要大量流通美文佳作，因此和幾個志同道合的朋友說好一起發行高品質書評雜誌。這本雜誌會成為一種介紹新書的媒體，內容除了新書之外，還會有學識、文筆俱佳的高品質書評來襯托該書。國外有很多這類的書評雜誌，如果在韓國也能蔚然成風的話，除了能提供書籍情報資訊之外，還可以藉由批判性的文章，讓讀者思考該書的優缺點。最重要的是，會用到很多散文佳作。總之，我認為，散文佳作的流通才是對學習的基礎大有貢獻的事。」

註解

1 作者的大學時期應該是在一九八〇年左右，正值韓國民主抗爭運動最激烈的時候，大部分大學生都參加了示威活動，大學不時處在停課的狀況，所以才說沒怎麼學習。

2 一九三一年成立於首爾的三中堂書店，以提高民族文化、倡導啟蒙思想為志業，出版了各種圖書。一九五〇年代之後，主要出版期刊、教科書和文學全集。

3 本文刊於二〇二〇年六月六日，提問中所說的資歷互助風潮，應該是指二〇一九年八月韓國前法務部長官曹國的女兒，以特招入學的資格及後續領取獎學金的行為遭到質疑，而牽扯出一連串高層人士利用身分地位互相為對方子女提供虛假資歷證明的弊案。

4 教案是指教師對教學課程的設計方案，詳細內容包括課題、課時、教學目標、教學內容、教學的重點及難點、教學方式、教學過程、教學案例、教學用具、補充教材教學等。

5 這是首爾市立美術館在二〇二〇年四月十六日到六月十四日舉辦的一場展覽。

6 這裡借用疫情期間產生的新詞彙「社交距離」，其實是表示很少外出交際的意思。

大學，學習說寫的時期

《首爾大學人》校刊訪談

問：迎接前所未有的線上開學時代，校園裡是一片寧謐的春意盎然。教授最近過得可好？

答：因為平時一直都維持「社交距離」，所以日常生活沒什麼大的變化。早上起床後就上傳一張圖片到臉書，晚上睡覺前再上傳一個音樂的連結。中間該做什麼就做什麼，讀書、寫作、散步、看電影、冥想、吃甜點、大小便。

問：在準備視訊教學上，您是否有難處？開學已經兩個月了，感覺還是很

不習慣，或者反過來說，這樣也有優點？

答：我的課在教室裡的空間安排很重要，根據安排也決定了我的動線。因為這一切動作都會對授課內容有很大的影響，所以「非面對面」上課對我來說，是很大的挑戰。討論也是由對方的肢體語言等各種不同因素的協調才能產生效果的，所以用視訊教學有很多困難。若想做好視訊教學，只靠簡單地拍攝授課過程是不夠的，必須像拍電影一樣，有架構、更多投資放進去。

問：您平時上課最重視什麼？

答：重視學生們的變化。上了課卻沒有任何改變的話，那上課有什麼意義？而且因為人生短暫，所以我希望能讓上課時間不無聊。大概兩個月前，有一位在首爾大學取得學士、碩士、博士學位的陌生畢業生看了我的書之後，寫了電郵給我。信裡提到：「即使在學校讀了那麼長的時間，卻很少碰到能讓自己深感『幸好進了這所學校』的課程。」

我的目標就是在退休前，要開設能讓學生感到「幸好進了這所學校」的課，哪怕一門也好。

問：您平常會和學生一起去實地考察、成立古文經典讀書會，積極進行交流，甚至學生畢業後，您也會在他們的結婚典禮上致詞祝賀。請問您和學生能夠結下深厚關係的祕訣是什麼？

答：我沒有能力和所有的學生都結下深厚關係，現在也有斷絕往來的學生。有畢業生在畢業後還會把自己與病魔對抗的情況告訴我，由此看來，還是有一些學生跟我很親近。

至於說到能夠結下深厚關係的祕訣是什麼，我不知道。但可以肯定的是，一味地迎合學生是無法產生親近感的。我覺得上課以外的活動也很重要，與課業無關的讀書會和實地考察團似乎都給學生留下了深刻的印象。仔細想想，我和學生一起，走遍了歐、美、亞洲，還有韓半島。如果有人願意提供經濟上的援助，又不會橫加干涉和限制的話，我還考慮規畫一個至今從未有人體驗過的優良實地考察計畫。

問：請問您為什麼會採取這種獨特的指導方式，讓只要有意願仔細增減期末報告的學生，就可以重寫一次再提交？另外，如果有與此相關讓您印象深刻的故事，可否請您說一說？

答：「增減指導」除了我以外，也有其他教授這麼做，大概因為這麼做的人不多，你才會在提問中用了「獨特」這兩個字吧。寫作是大學教育的基礎，應該用在大多數的課程中。但在目前的環境裡，寫作卻成了需要有所覺悟和帶點犧牲奉獻精神的一件事。如果課程的性質上需要寫作，卻根本沒有提供寫作指導的話，這是一個很嚴重的問題。如果是我，我不會去上這種課。

問：您從上任的第二年，也就是二〇〇七年開始（在學校網頁上）貼文，點擊率是以千起跳。很想知道您將學校網頁像部落格一樣經營的契機，以及主要的訪客都是哪些人？

答：十多年前，學校方面曾經鼓勵（雖然沒有特別提供支援）教授們開設網頁，當時因為我是系裡最年輕的教授，所以抱著好歹也試試看的想法就開始去做。因為是禁止留言的網頁，所以誰來造訪過，我也不知道，應該是一些心有餘力的人吧！

問：您除了研究論文之外，還透過媒體訪談和專欄等機會發表言論和文章，積極地與社會交流，請問這麼做的原因何在？另外，如果以後有出版或連載計畫的話，可否請您介紹一下。

答：從我的專業來看，與社會的交流是非常有價值，甚至是理所當然應該做的事情。但我在四十多歲的時候卻故意不這麼做，因為看過太多所謂「交流成癮」，進而忽略了正職研究上的事情。以後如果有機會的話，我想嘗試寫些政治思想之類主題的文章，還有漫畫評論、介紹我看過的佳作、精采的策展項目等等各種不同的事情。思想史是一門跨學科的學問，不用特意挑選探討的對象，對我來說自然是最好的。

問：不管是推特世代，還是實體報紙世代，看了您的文章都被「圈粉」，請問您充滿魅力的寫作祕訣是什麼？

答：偶爾會有人寄電郵給我，誠摯地稱讚我的文章寫得很好，從這點來看，似乎有一些人喜歡看我的文章吧。我想，大概是和其他文章有哪裡不一樣，他們才喜歡看的吧。現在以通用韓語寫成的文章裡，大多數都帶有「超級怒火」，這種憤怒似乎成了撰寫不同文章的動力。

問：您雖然以文字積極交流，但似乎不願意讓自身形象曝光在媒體或大眾面前，請問原因何在？

答：陌生的不特定多數人認得自己，真的是件好事嗎？這就是為什麼我拒絕了好幾個電視節目的邀約和廣告代言的提案。但是我不認為參加電視節目本身有什麼問題，這也是思想交流的一個重要管道。過去我克制自己不上電視的原因，大致可分為兩點：第一、參加電視節目和在報章撰稿不同，需要花費很多時間，像我這麼懶惰的人，上電視可能會妨礙到自己原來的研究和教育工作。第二、電視節目和廣播節目不同，導播握有更大的編輯權，因此我的發言很難有自主性。如果這些問題得以解決的話，我認為在電視等大眾媒體上露面也沒什麼不好。

問：您去年（二〇一九）年底出版了討論《論語》的隨筆文章，並且宣布將在十年內出版新的《論語》韓文譯本和釋義本的計畫。可否請您說說，身為

研究東亞政治思想的學者，對此有何展望？

答：我的目標是透過《論語》計畫，改變過去閱讀古文經典的習慣，提供更豐富的參考內容。同時計畫在今年（二〇二〇）秋天出版頁數超過一千頁的《中國政治思想史》[1]，更新以往對中國思想的敘述，希望能為韓國政治思想史提供研究的基礎。今後要投入的課題還有《韓國政治思想史》的著述，這需要相當多的健康、努力、支援和運氣，能否實現還有待觀察。此外還有一個我覺得很有趣的計畫，暫且保密。

問：退休之後，您有什麼打算？

答：首先，我希望能從一個不以為恥的職場退休。如果職場令人感到羞恥，很多人就會忍受不了選擇離開學校，我很慶幸近年來首爾大學的表現越來越好。如今，不要滿足於循序漸進的改善，到了該大膽地進行改革的時候了。但是，我認為不能帶著官僚主義的眼光來進行改革。我不在乎首爾大學發表了多少論文，培養出多少諾貝爾獎得主這一類的事情。相較之下，我希望首爾大學能夠成為一個處事更加靈活、更有智慧的地方。不管是教育制度的重整，還是校長制度的改善，凡事都能有不負大學之名的知性討論，並讓與之相襯的優良文本得以流通。希望不要再有為辦典禮而辦的典禮、為設立研究專題而立的專題這類事情出現。我個人只盼能當一個忠於職業道德的人，迎接退休的到來。我的願望就是，做一個經手審查的每一份論文都能仔細研讀的教授，做一個始終認真上課的教授，然後從教職上退下來。我不想成為一個上課內容空洞，沒有相當的資格和成就，卻不斷累積獲獎經歷的教授。

問：您的畢業典禮賀詞集錦曾經（在首爾大學竹林社的社群網站上）成為熱門話題。在此，您希望一個首爾大學的學生，畢業前該具備什麼樣的素質，畢業後該採取什麼樣的姿態面對生活？

答：嗯，「首爾大學人」這樣的說法有點肉麻。韓國的大學經常舉行典禮，但印象中似乎沒有辦得好的。所以，我既然擔任了系主任，就想在畢業典禮賀詞中對畢業生說幾句真誠的話。聽到你說有人在畢業後又看了那些畢業典禮賀詞，並且從中獲得力量，我感到很高興。在學校或社會上生活，和投幣買罐裝咖啡這種事情不一樣，希望在校生和畢業生能在所隸屬的地方，銘記自己是其中的一分子。而且很重要的是，不要讓自己的頭腦成為被垃圾郵件塞滿的郵箱。若想做到這一點，無論是在校時期還是畢業之後，都要如飢似渴地到處尋求學習的機會。不過要小心聰明的騙子。

註解

1 本書已於二〇二一年二月出版。

對休息的幻想

經過這段期間的學習，大家辛苦了！今天課程結束之後，大概也沒有機會再見到大家。偶爾會有同學哭著來找我，說自己沒資格拿到這麼好的分數，拜託我把成績改低一點，我是希望不會有這種事情發生。嫌每個禮拜要交報告太煩就放棄這門課的學生非常多，能堅持到最後就已經相當了不起了。

最後這堂課的主題是，休息。

登山家強．克拉庫爾（Jon Krakauer）曾經說過：「只要有足夠的決心，隨便什麼白痴都可以登頂，但我們的目標是要活著回來。」在學習的道路上，「活著回來」很重要。我們向來習慣於改變人生，卻沒法好好休息，想休息卻不得休息，就是這片土地的現實。所以讓我們好好思考一下，總有一天會到來的休息。

只有認真學習過的人才能好好休息，就像拉緊的弓弦才能放鬆一樣，只有經歷過學習這種緊張狀態的人，才能體會休息的放鬆。努力過了，成績不好不必感到慚愧；不好好用功以致沒法好好休息才應該慚愧。學習越認真，越容易得到休息。平常只會走路的人，走路就無法成為一種休息。總是躺著的人，會視走路為一件苦差事，但對跑馬拉松的人來說，走路就是休息。平時不怎麼看書的人，看書就無法成為休息。平時完全不看書的人，看書甚至還是一件苦差事，但對平時都閱讀艱深書籍的人來說，閱讀普通書籍就是一種休息。

也就是說，有了平時的努力學習，才有休息的基本功。

那現在該怎麼休息呢？躺下來睡個夠嗎？能睡當然是最好，但白天隨便睡大覺的話，反而會打破睡眠模式。年紀越大，越不容易睡著，敏感的人抱著鐵杵磨成針的心態，逐步一點一滴放鬆緊張之後才能獲得酣睡。日本小說家大江健三郎在《萬延元年的足球隊》裡就說：「睡吧、睡吧，睡不着就模仿一下熟睡的人！」

休息的新手們會以為什麼都不做就是休息，但什麼都不做其實很困難。人的意識總是會不自覺地尋找投入的對象，否則就會覺得不安或是感到疲憊。這種時候最好去散步，不要待著不動。不要聽音樂或Podcast（播客），光走路就是一種很有效的休息方法。這樣的休息也能成為創作的泉源，愛爾蘭作家詹姆斯．喬伊斯的長篇小說《尤利西斯》中史蒂芬．迪達勒斯（Stephen Dedalus）、利奧波德．布盧姆（Leopold Bloom）和瑪莉昂．布盧姆（Marion Bloom）的走路，以及維吉尼亞．吳爾芙的小說《達洛維夫人》中達洛維夫人的走路，都是別有深意的。

不是只有向前走才算休息，倒退走也算是一種休息。

如果一個原本寫深奧文章的人寫起輕鬆小品，一個原本說話很難聽懂的人說起了淺顯的話，這一刻就成了休息。也就是說，可以暫時陶醉在用祝酒詞來代替嚴肅的演說，用三行詩來代替十四行詩之中。要不然，使用錯誤的表達方式胡言亂語，也不失為一種休息。如果不知道什麼是錯誤的表達方式，那就把辯證法、社會參與、儒教、真實性、正面突破、全部放下、深感遺憾、好好相處、發自真心、哎嚶、韓民族不屈不撓的DNA之類的詞彙，隨便來個排列重組使用就行。不過這種事做久了可能會毀掉一個人，所以最好只在固定的時間自己一個人說說就好。

休息的終極境界，就是無所事事地旅行。

海明威曾經開玩笑地說：「如果你夠幸運，在年輕時待在巴黎，那麼此後不管身在何處，巴黎都將永遠跟著你。」旅行雖然是一件疲累的事情，但到一個風景優美的地方無所事事地閒逛，所得到的活力就能夠抵銷疲累。法國固然好，我還是推薦義大利。為什麼推薦義大利？因為義大利半島上從古至今一直存在著某些無以倫比的地方，其痕跡到現在都還大量保留著。最重要的是，因為我知道哪裡有賣真正好吃的提拉米蘇。當別人到印度尋找自我的時候，我就到義大利吃提拉米蘇吃到忘我。

吳爾芙曾經說過：「希望各位使出一切手段擁有足夠的錢去旅行、閒晃、思考世界的未來或過去，啃書做夢、街角徘徊，任由腦中的思緒沉浸在河川深處。」但像各位這樣年紀輕輕的學生，很難有足夠的錢去義大利旅行。所以，我跟你們約好，只要我手中突然有一筆天外飛來的巨款，我就帶各位一起去義大利。但想一起去旅遊，有幾個條件。

一降落到機場就要一起歡呼，「現在起一頓也不能少吃，少一頓也不行！」因為我想從北義大利開始慢慢南下，盡享山珍海味，實際體會義大利飲食每隔一百多公里各有不同風味的變化。真的品嘗到美味時，就要一邊發出讚嘆聲，一邊「施展」象帽舞[1]。不過，如果吃東西的時候激動到哭的話，那就要被驅逐到英國，在四十八小時期間只能吃炸魚和薯條，然後再回來會合。還有，一定要吃甜點。吃提拉米蘇的時候，一定要說：「提拉米蘇還是要用乳酪，不要用鮮奶油！」

也不必從韓國帶很多衣服出門，旅行途中看到喜歡的衣服買來穿就行。當然，買衣服的錢由我支付。如果穿著牛仔褲配牛仔夾克，而且是同種布料上下一整套的話，那就要被驅逐到俄羅斯，四十八小時期間只能穿熊皮外套，然後再回來會合。對了，還要買泳衣！如果碰上暖和的天氣和乾淨的好水，就可以分組打水球了。

太陽落山的話，可以在戶外設置投影機，放幻燈片。義大利的地區教堂或公共建築裡，留有大量現在已被遺忘的中世紀和文藝復興時期畫家的作品。為了充分欣賞這些作品，就得抽空回顧一下美術史。幻燈片放映結束回到寢室之後，建議大家可以把棉被夾在兩條大腿之間，在床上左右翻滾，低聲說著「每天上學……怎樣怎樣……」，嘀咕完再睡覺。

旅行期間一有空，就要吟詠一次「我一直在想關於海怪的事情」這個句子。什麼時候吟詠好呢？譬如章魚料理吃到一半的時候可以吟詠一句「我一直在想關於海怪的事情」。交談中突然冷場，也可以來一句「我一直在想關於海怪的事情」。有人無禮地詢問何時結婚的時候，也可以回答：「其實，我一直在想關於海怪的事情」。就算有人問起「論文都寫完了嗎？」，也可以回答一聲：「我一直在想關於海怪的事情」。

十九世紀德國作家路德維希・貝希斯坦（Ludwig Bechstein）在童話作品《懶人天堂》（*Das Schlaraffenland*）一書中以「若想進入美食遍地的的懶人天堂，先把用粥築成的如山厚牆吃穿了再說！」這麼一句話結束了這個故事。同樣的，想加入義大利旅行的話，先讀完但丁的《神曲》再說。《神曲》的開頭這麼寫著：

> 人生旅程的半途上，我發現自己迷了路，站在黑暗的森林裡。那充滿艱難、險阻、滅絕人性的森林，我難以開口形容。每當想起就是一陣顫慄，死亡也比那好得多……

註解

1 韓國民俗舞蹈，舞者頭戴有著長飄帶的象帽，隨著農樂節奏以頸項力量搖動頭部，讓象帽的飄帶旋轉飛揚。

Devin Leonardi, Manassas Junction(2009)

Eurasian Publishing Group
圓神出版事業機構
用心與你對話．視野無限寬廣
先覺出版社
Prophet Press

www.booklife.com.tw　reader@mail.eurasian.com.tw

人文思潮 154

學習不會背叛你：首爾大學畢業生最受用的一堂課

作　　者／金英敏（김영민）
譯　　者／游芯歆
發 行 人／簡志忠
出 版 者／先覺出版股份有限公司
地　　址／臺北市南京東路四段50號6樓之1
電　　話／（02）2579-6600・2579-8800・2570-3939
傳　　真／（02）2579-0338・2577-3220・2570-3636
總 編 輯／陳秋月
資深主編／李宛蓁
責任編輯／朱玉立・林淑鈴
校　　對／朱玉立・林淑鈴
美術編輯／林雅錚
行銷企畫／陳禹伶・黃惟儂
印務統籌／劉鳳剛・高榮祥
監　　印／高榮祥
排　　版／莊寶鈴
經 銷 商／叩應股份有限公司
郵撥帳號／18707239
法律顧問／圓神出版事業機構法律顧問　蕭雄淋律師
印　　刷／祥峰印刷廠
2021年11月　初版
2022年2月　2刷

定價 420 元　ISBN 978-986-134-399-0

閱讀是去體驗實際生活中經驗不到的「另一個世界」，鍛鍊自己對他人的想像力，重要的不是「書裡寫了什麼」，而是「自己如何感受」。

——《讀書這個荒野》

國家圖書館出版品預行編目資料

學習不會背叛你：首爾大學畢業生最受用的一堂課／金英敏（김영민）著；游芯歆譯. -- 初版. --臺北市：先覺, 2021.11
288面；14.8×20.8公分 --（人文思潮：154）
譯自：공부란 무엇인가
ISBN 978-986-134-399-0（平裝）
1. 學習 2.學習心理 3.思考
176.3　　110015758